Exposició de treballs dels alumnes d' El Taller Escola d'Art
(Cerdanyola del Vallès)

Maig 2018

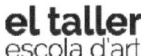

El Taller Escola d'Art de Cerdanyola

Què fem al Taller Escola d'Art de Cerdanyola?

Tallers permanents

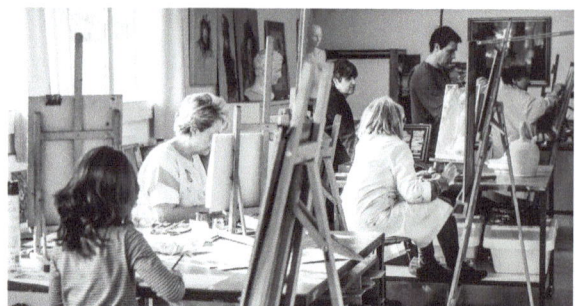

Dibuix i Pintura (adults)
Grups de matins o tardes. Aquests tallers es desenvolupen durant tot l'any, i qualsevol persona es pot inscriure en qualsevol moment. Els alumnes poden triar el dia i l'hora, amb total flexibilitat.

Model al natural (grisalla)
Aquest tallers parteix, sempre, d'un model real. Es desenvolupa durant tot l'any, i els alumnes es poden inscriure en qualsevol moment.

Volum i modelat
Adreçat a joves i adults que vulguin introduir-se en el desenvolupament del volum mitjançant la tècnica del modelat del fang.

Tallers d'art infantils, activitats extraescolars i Casals d'Estiu Artístics
Durant tot el curs es fan tallers d'art infantils (sessió setmanals de dues hores). Es pot inscriure als alumnes en qualsevol moment. Durant l'estiu fem, també, Casals d'Estiu Artístics.

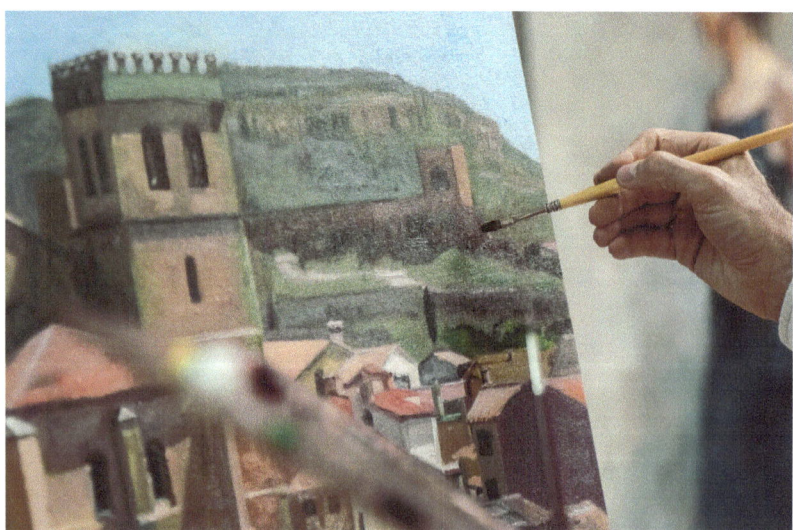

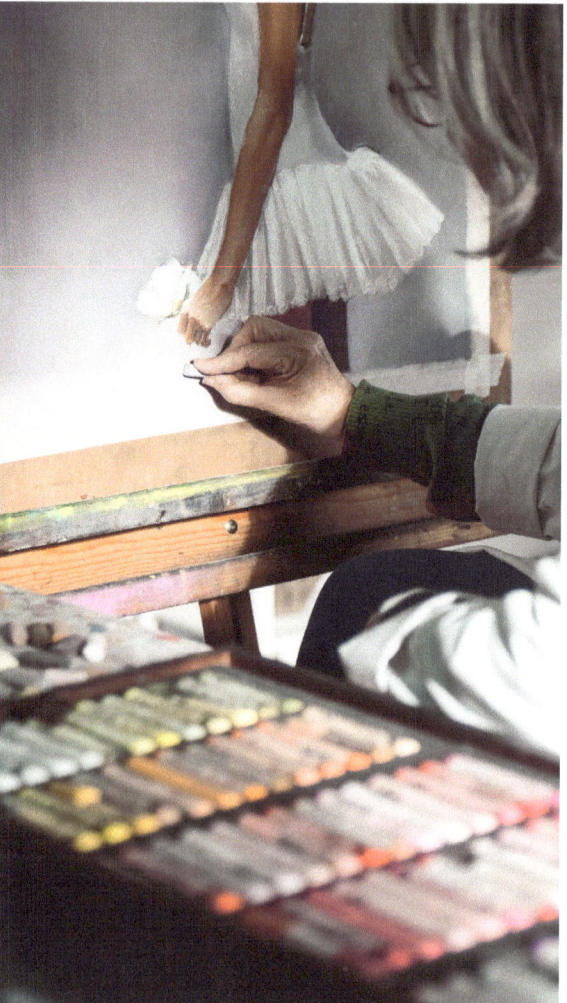

Tallers eventuals

Fang en família
Quatre sessions intenses de tres hores, que permetran a qualsevol persona tenir una base sòlida d'aquest programa d'edició d'imatges, sens dubte el més utilitzat entre els professionals.

Casals d'estiu
Amb continguts similars als que s'imparteixen durant la resta d'anys, però amb horaris específicament dissenyats per omplir d'art alguns dels dies de vacances dels més petits de la família.

Fotografia digital
Mitjançant diverses sessions de dues hores (que es fan tant al taller com a l'exterior) els alumnes es familiaritzen amb els diferents controls i possibilitats de les càmeres fotogràfiques. El curs es complementa també amb algunes nocions de post-producció, mitjançant el conegut programa d'edició fotogràfica Photoshop.

Pintura i escultura en estiu
Els mesos d'estiu també poden ser un bon moment per que els grans s'iniciïn en la pràctica d'alguna activitat artística.

Cal·ligrafia artística
En preparació.

Carvat
En preparació.

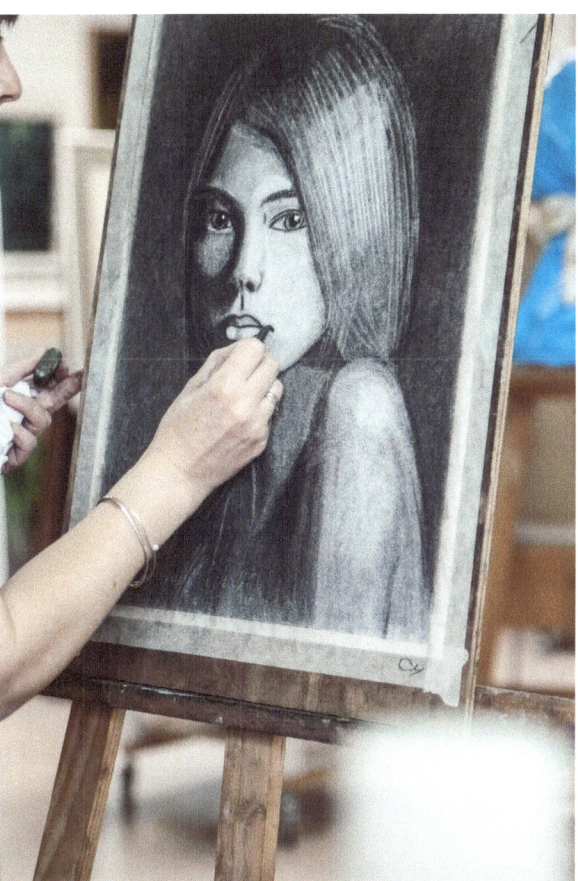

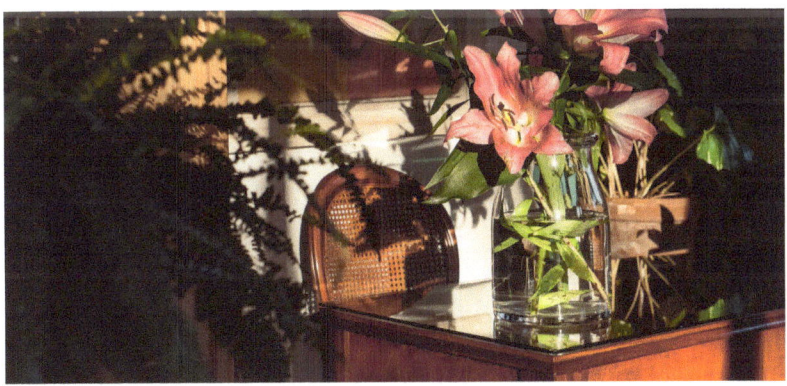

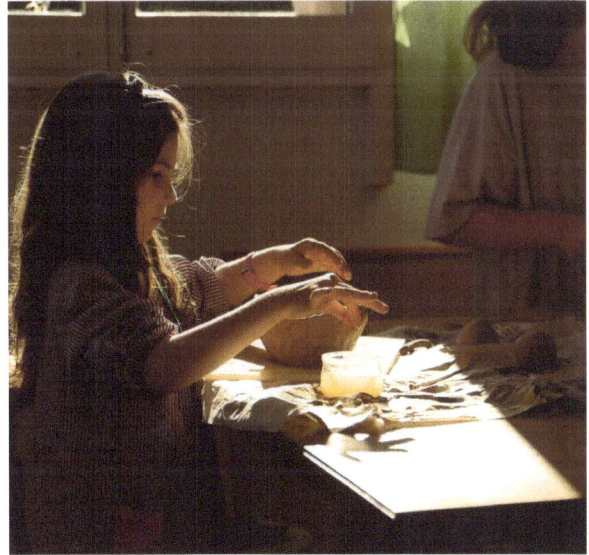

Per tenir més informació de tots aquests cursos:

www.eltallerescoladart.com

Professor de pintura i dibuix

Ramon Ruiperez (www.ramonruiperez.com)

Nascut a Barcelona a l'any 1966, és Llicenciat en Belles Arts per la Universitat de Barcelona des de l'any 1992. Artista en actiu, de forma ininterrompuda, des del 1994 fins a l'actualitat. Durant tots aquest anys les seves obres s'han exposat a diverses ciutat de Catalunya i l'Estat (Barcelona, Sant Cugat, Madrid, Sabadell, Terrassa o Manresa entre d'altres) i també a l'estranger (París i diverses ciutats dels Estats Units).

Ha desenvolupat, paral·lelament, una tasca constant com a docent, impartint classes d'art en els diversos tallers que ha tingut a Cerdanyola del Vallès i Sant Feliu de Guíxols, a estudiants de tots els nivells (des dels que comencen des de zero, fins als que porten ja diversos anys practicant la pintura i el dibuix).

Actualment continua desenvolupant la seva tasca artística i és professor de tècniques d'expressió plàstica i Dibuix Artístic al Taller Escola d'Art de Cerdanyola.

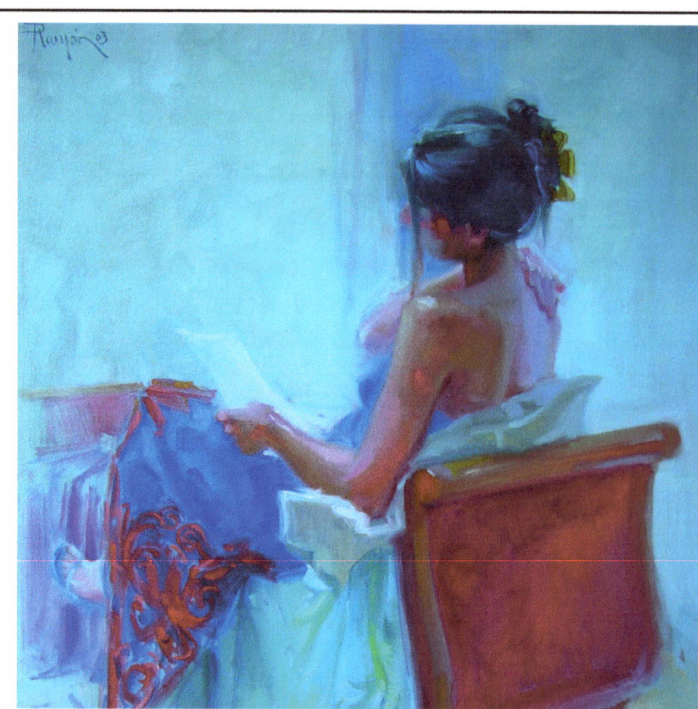

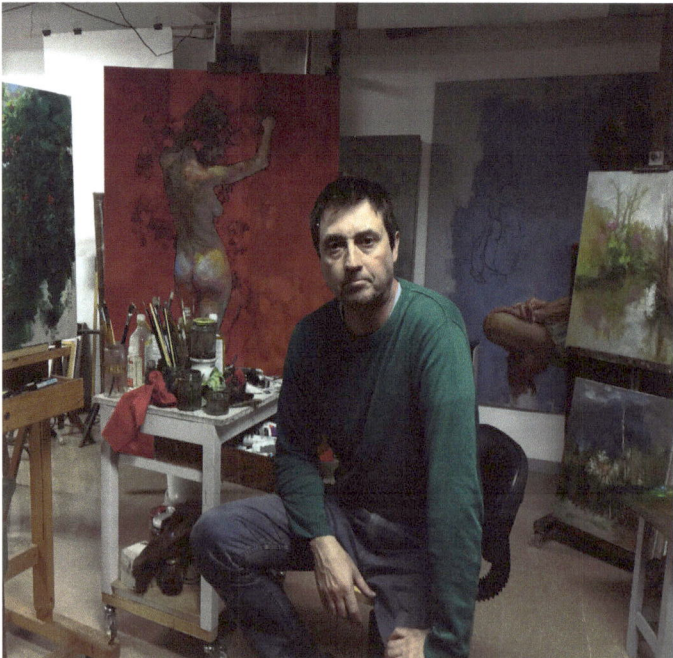

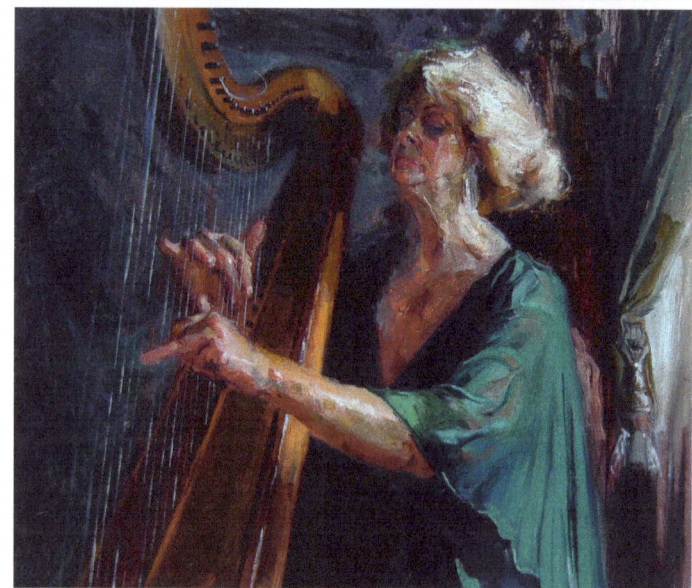

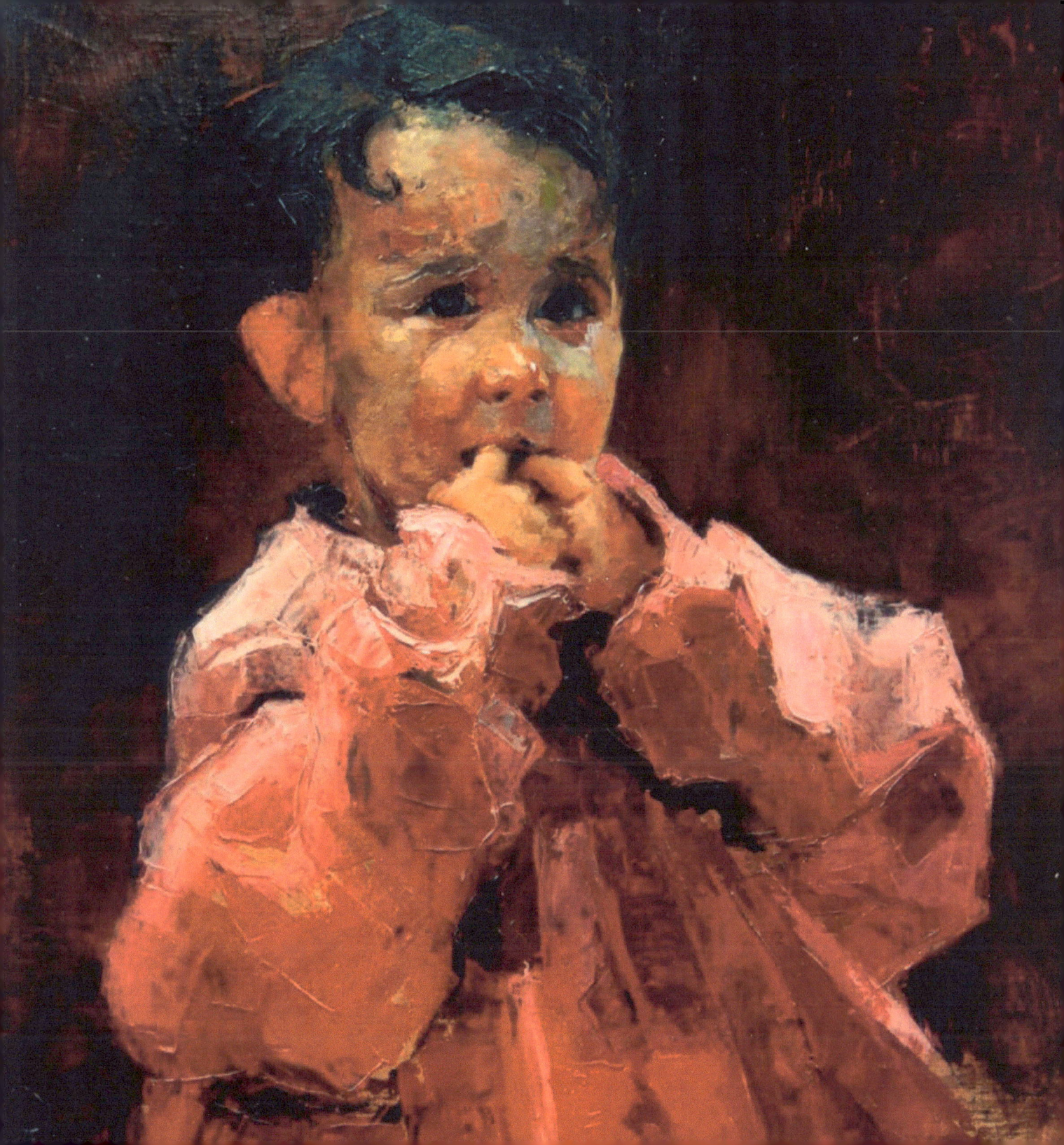

Professora de fotografia, disseny i il·lustració

Nathalie Courbet

Fotògrafa, dissenyadora gràfica i programadora de pàgines web, durant els darrers anys ha desenvolupat la imatge gràfica i també les pàgines web i presència online de diverses empreses i institucions. Al mateix temps, també desenvolupa una activitat artística, centrada tant en el món de la fotografia com de la il·lustració.

En aquests moments, coordina diversos tallers de fotografia i disseny al Taller d'Art de Cerdanyola i s'ocupa també dels tallers d'iniciació artística especialment dissenyats per als alumnes més joves de l'escola.

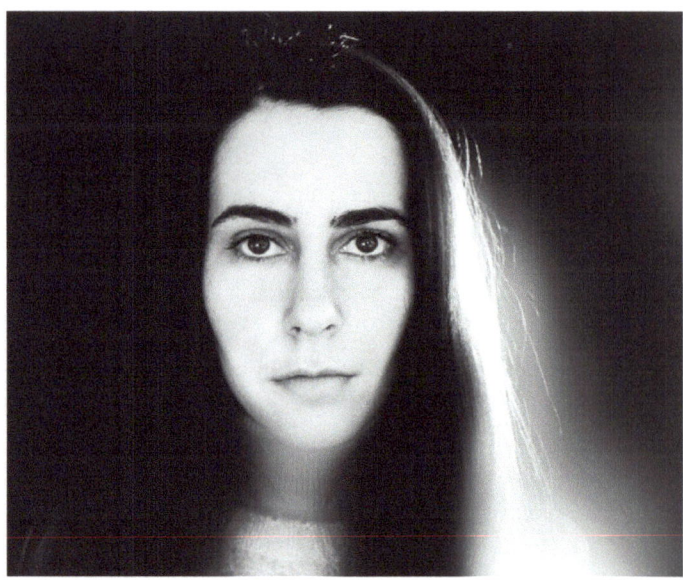

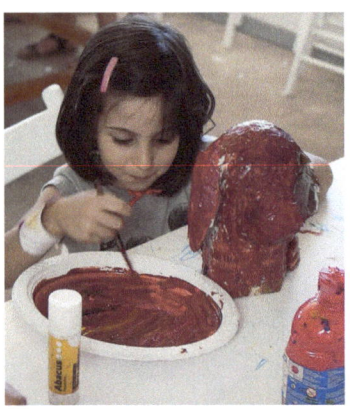 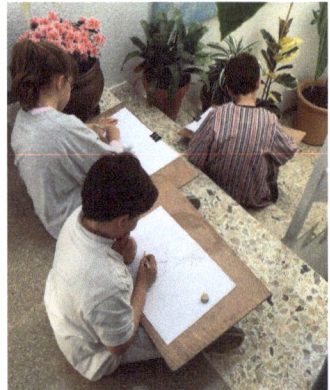

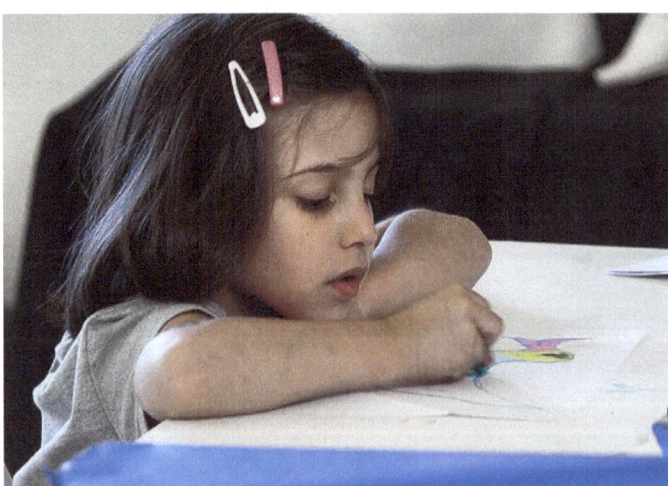

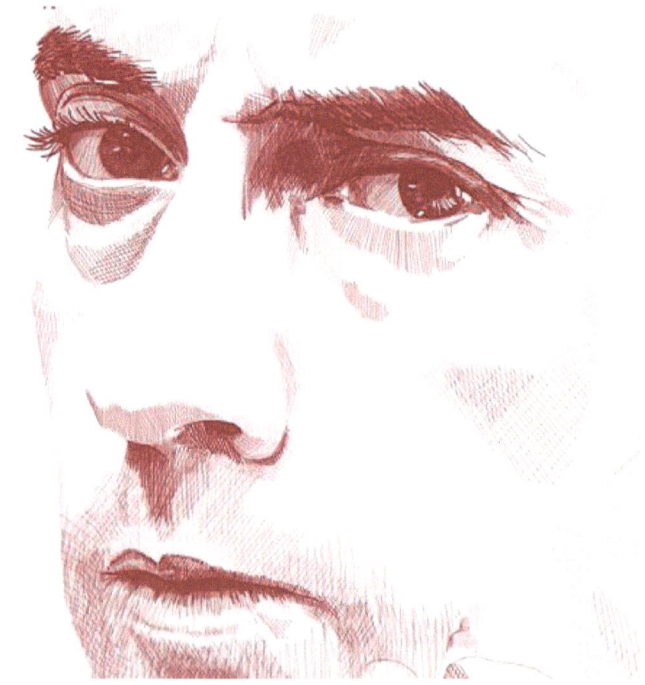

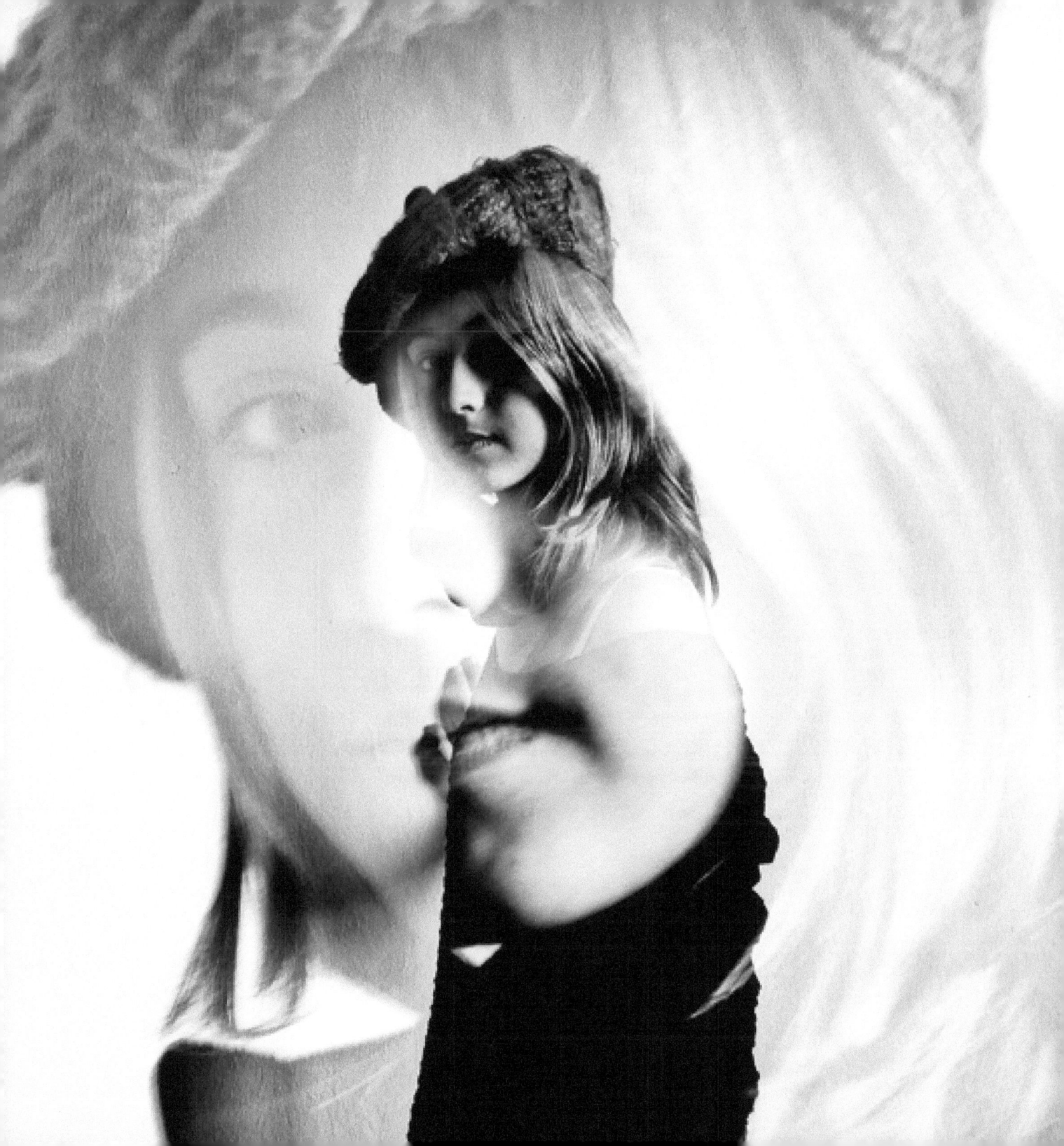

L'exposició del curs 2017-2018

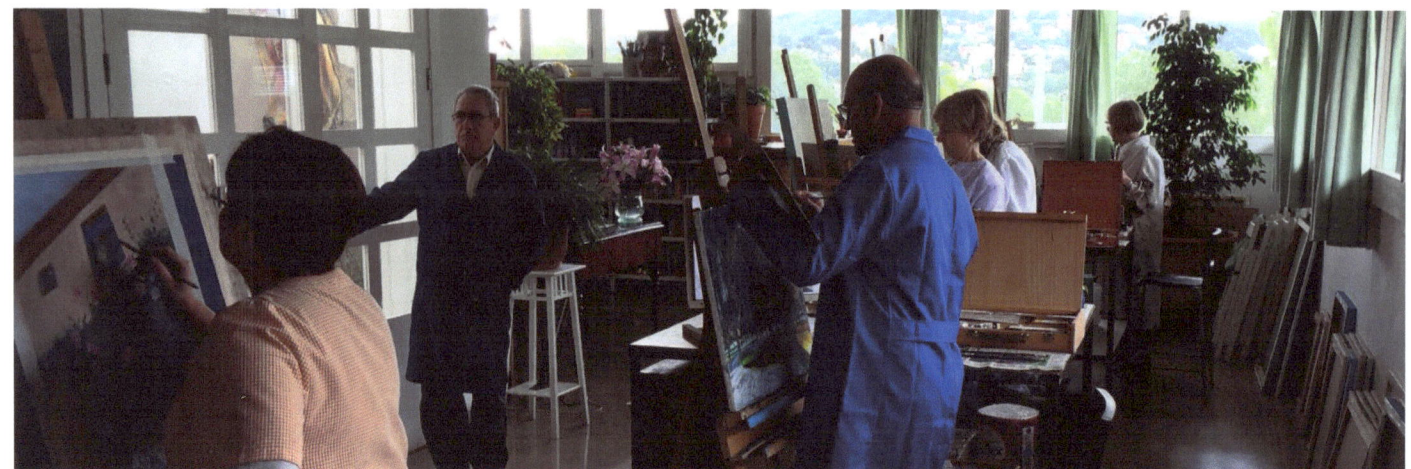

Per segon any, editem aquest catàleg, recollint alguns dels treballs realitzats pels alumnes del grup d'adults de pintura del Taller Escola d'Art de Cerdanyola. Si l'any passat tot el catàleg estava dedicat al paisatge, aquest any les temàtiques de les obres son més variades.

Els alumnes, distribuïts en dos grups (matí i tarde) tenen recorreguts artístics molt diferents. Alguns fa ja anys que pinten i d'altres tot just comencen. I com és lògic, d'altra banda (aquí radica, en part, la màgia del món de l'art) tots tenen la seva pròpia sensibilitat i gustos personals. La tasca del professor del taller és canalitzar i aportar tècnica a cadascun d'ells, de manera personalitzada. Es tracta, de fet, de classes particulars que es desenvolupen de forma simultània la qual cosa permet, també, que s'estableixin entre els alumnes unes dinàmiques molt enriquidores.

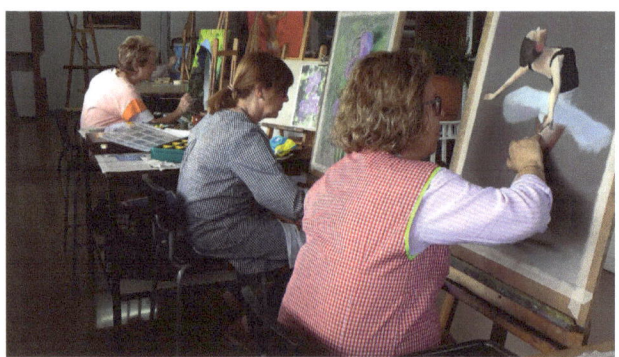

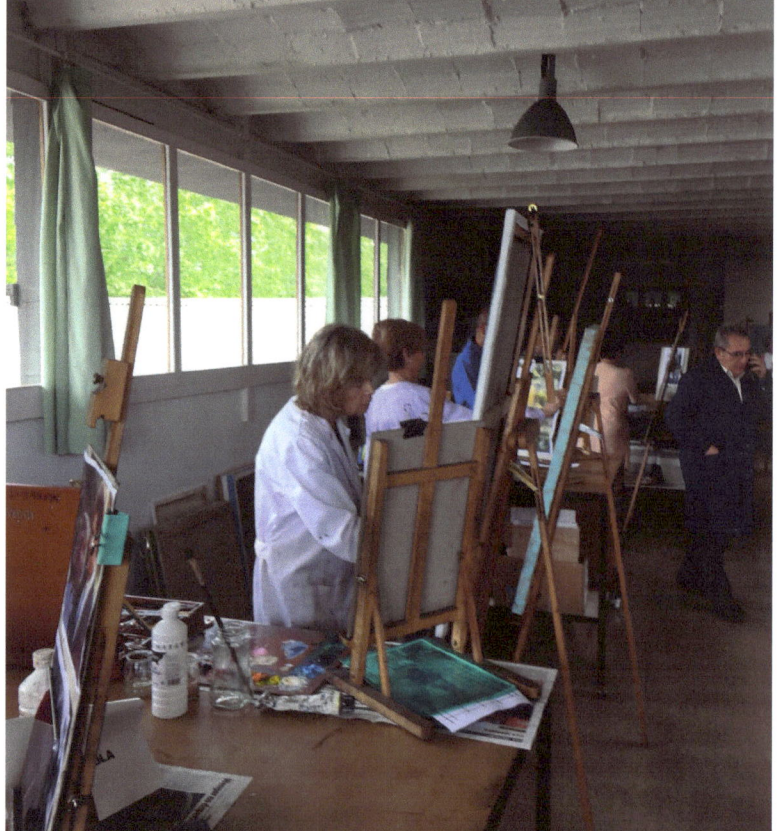

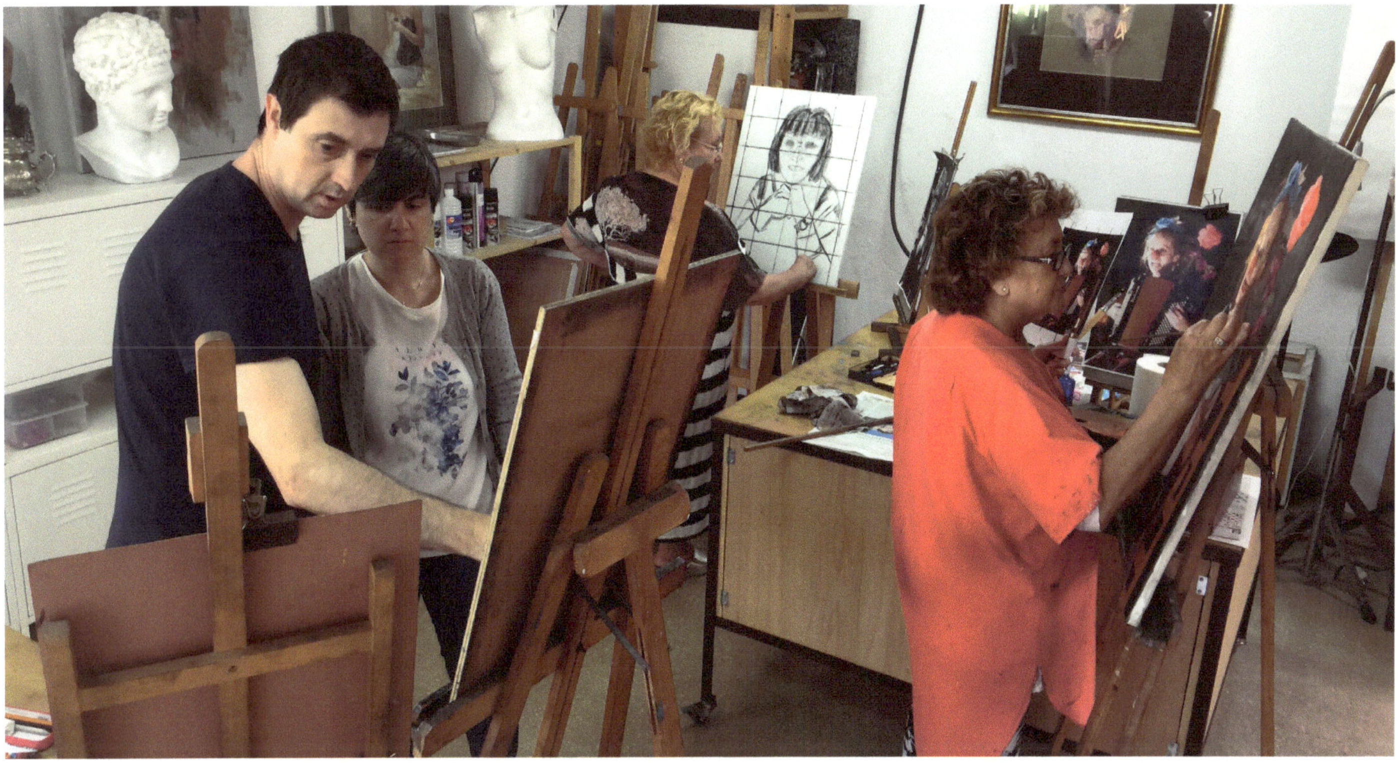

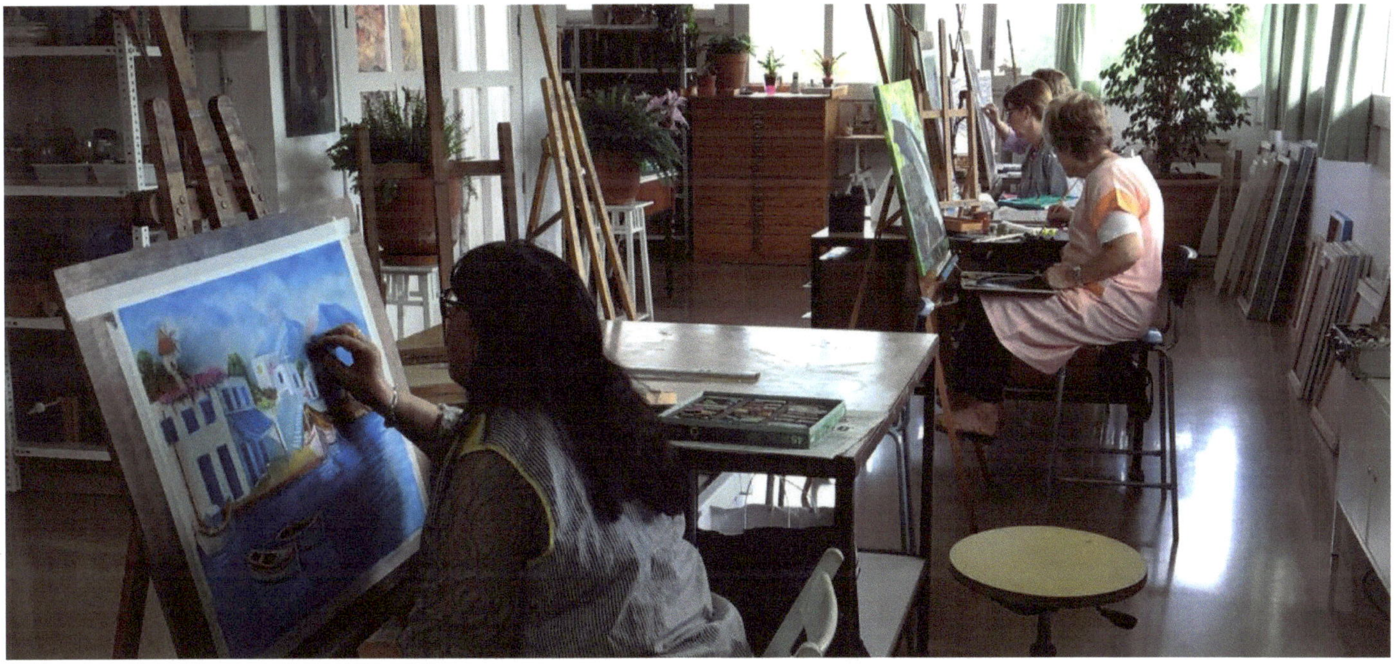

Les obres

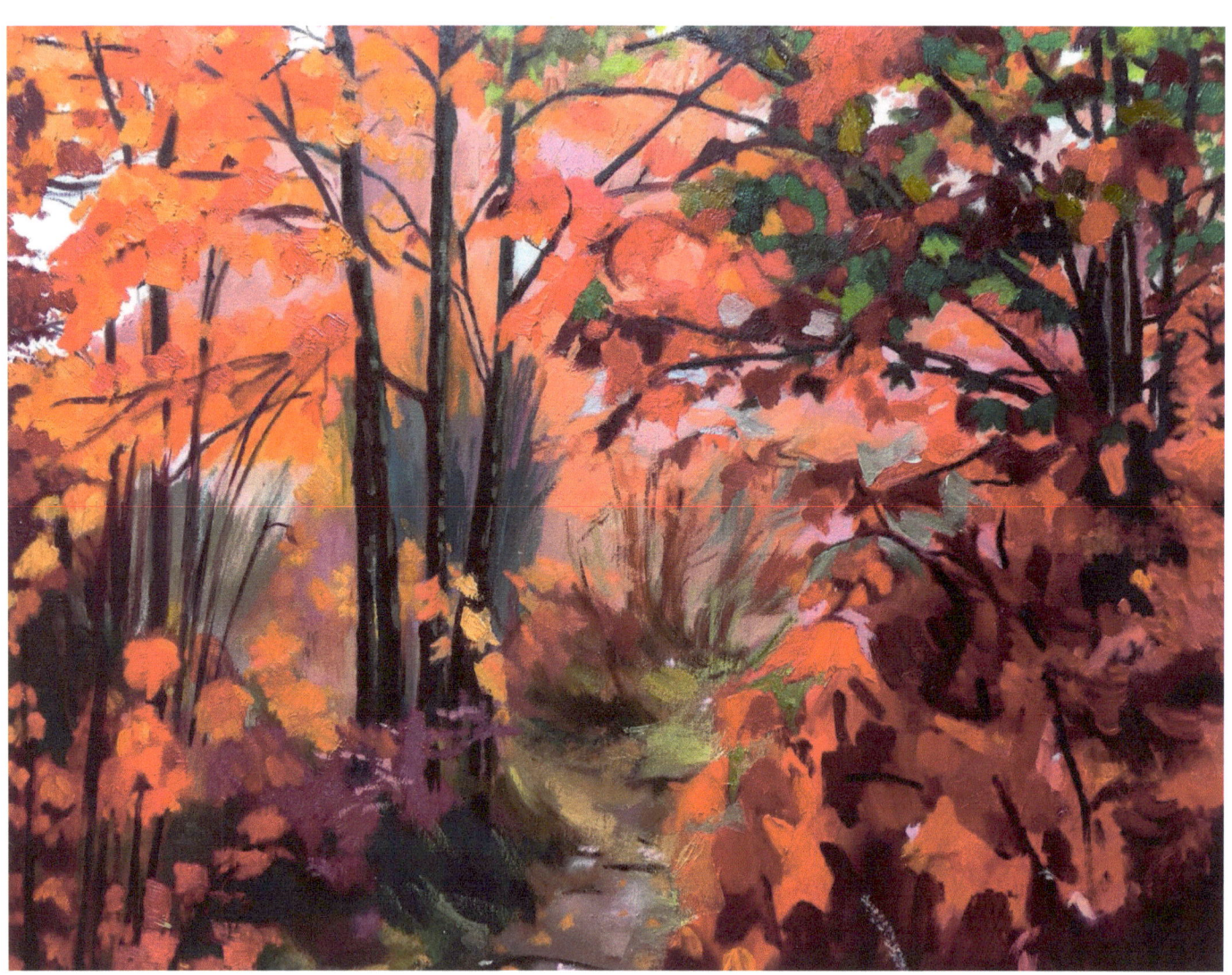

Aurora Alarcón (Oli sobre tela)

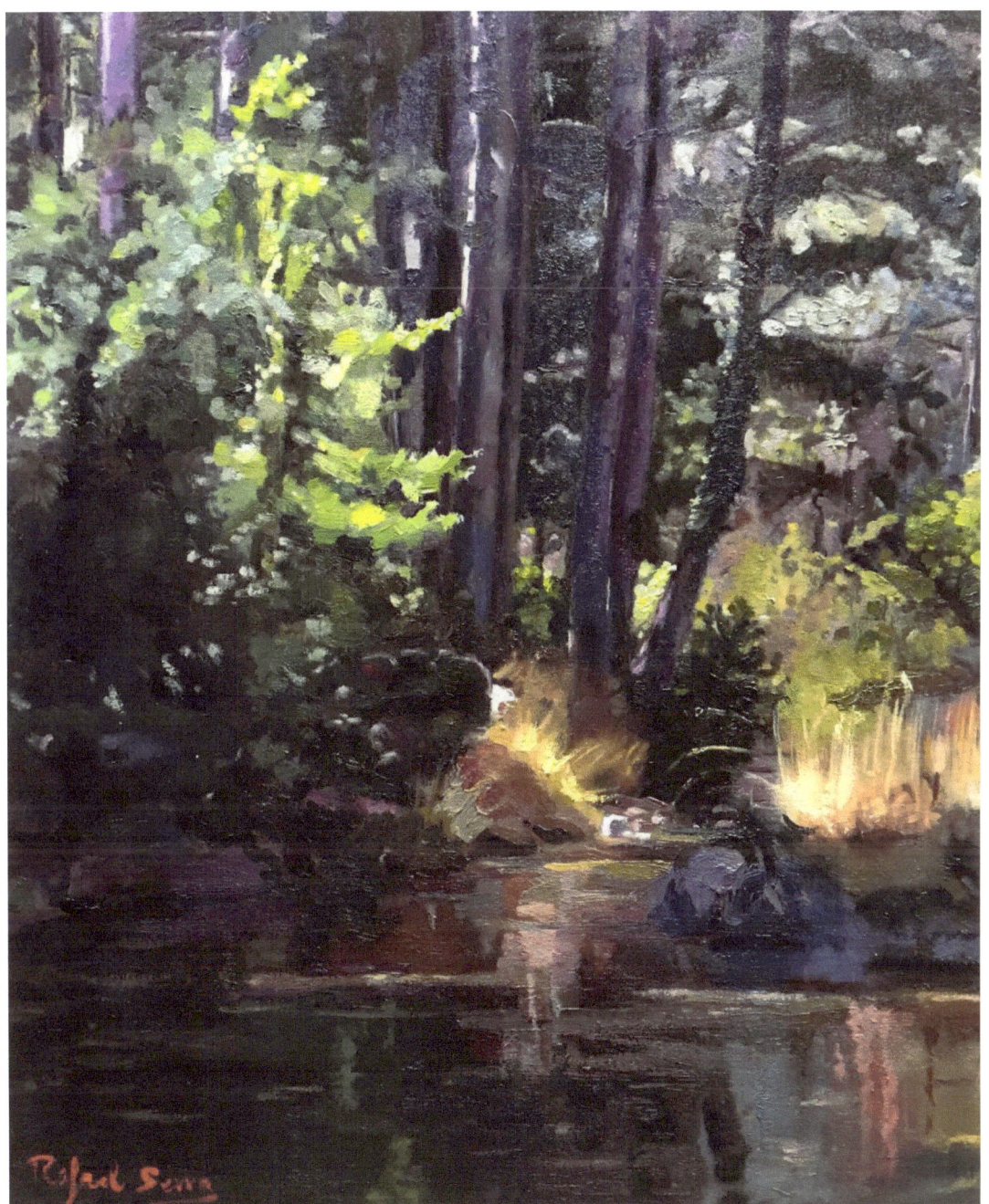

Rafael Serra (Oli sobre tela)

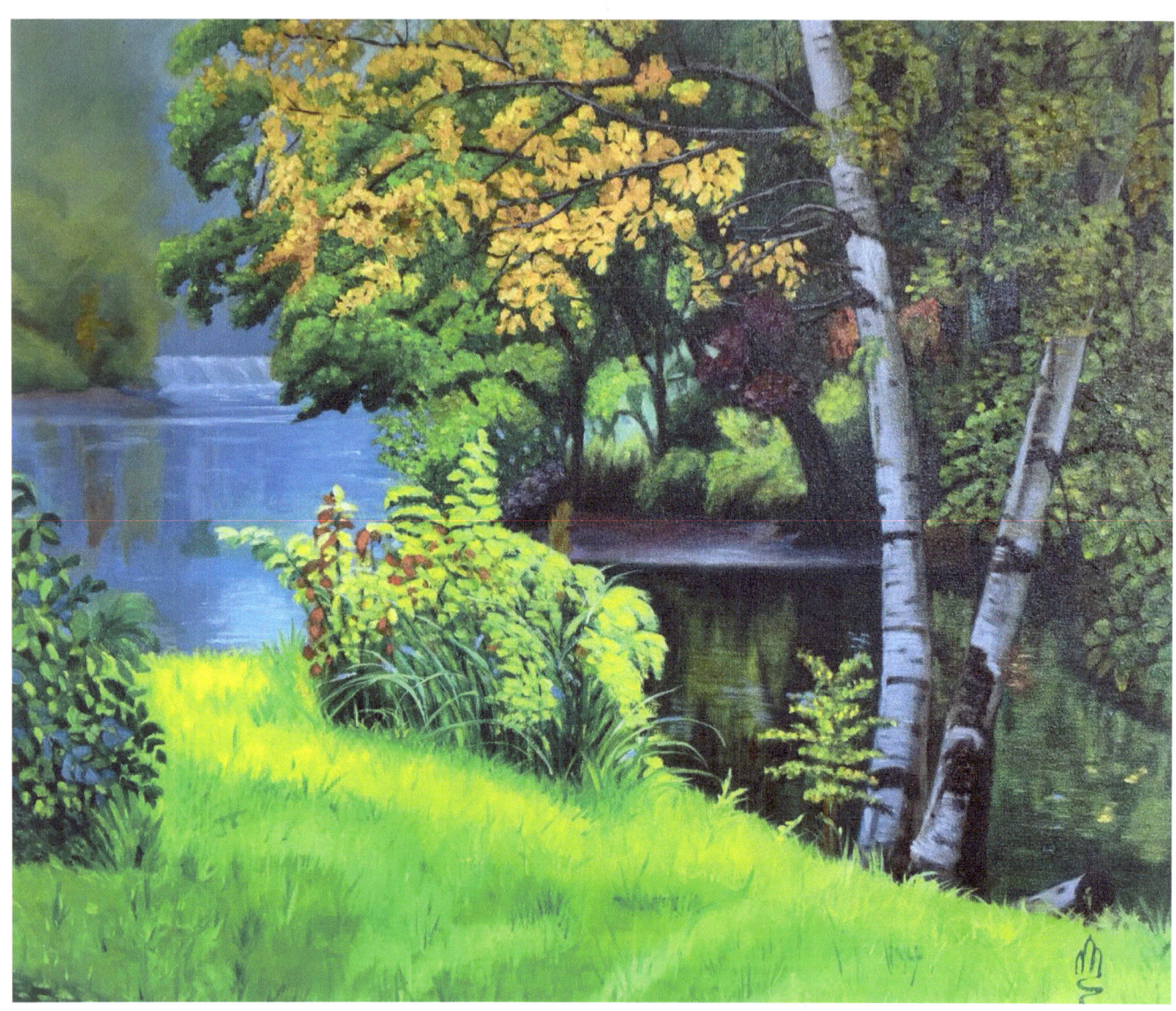

Montse González (Oli sobre tela)

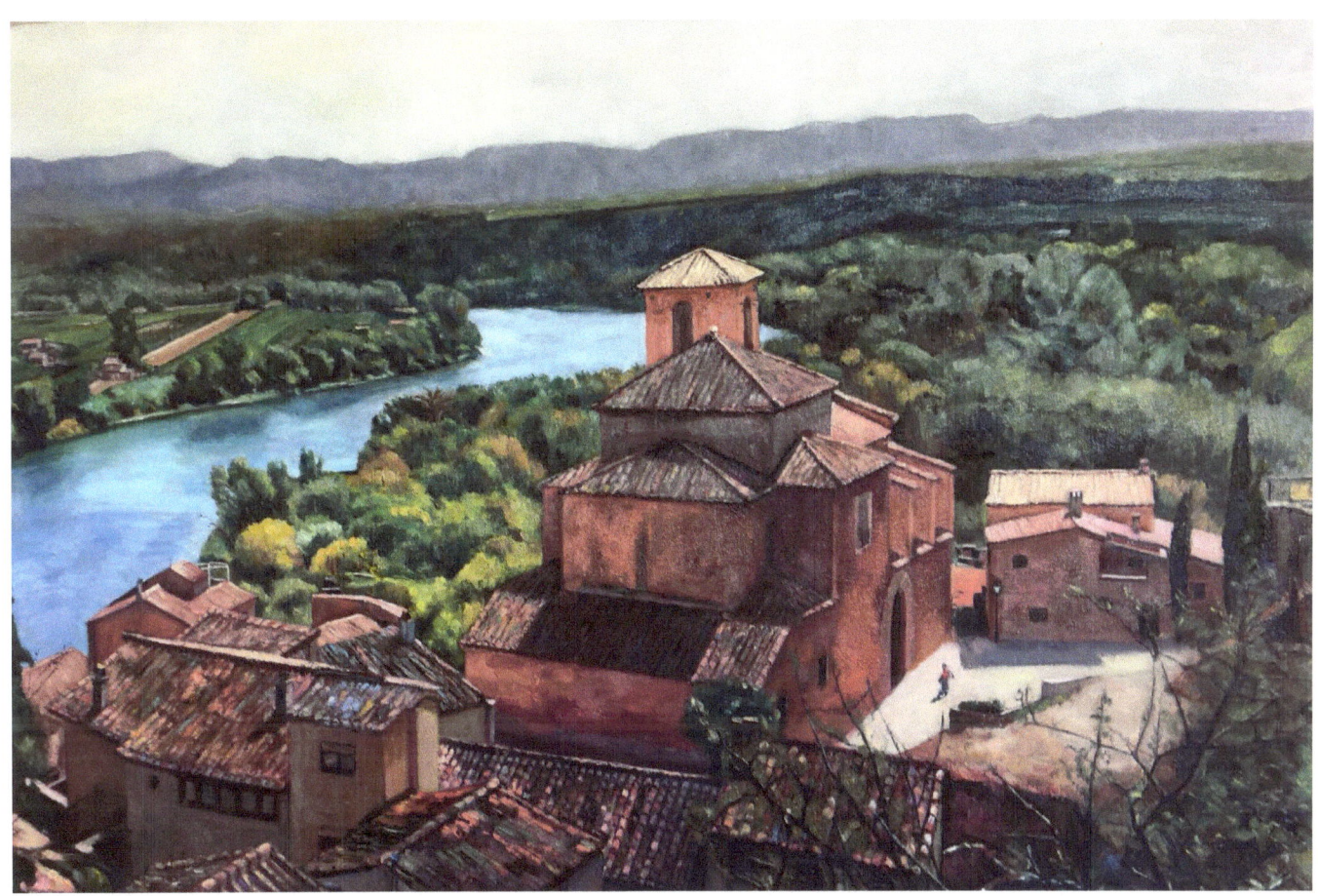

Montse Caro (Oli sobre tela)

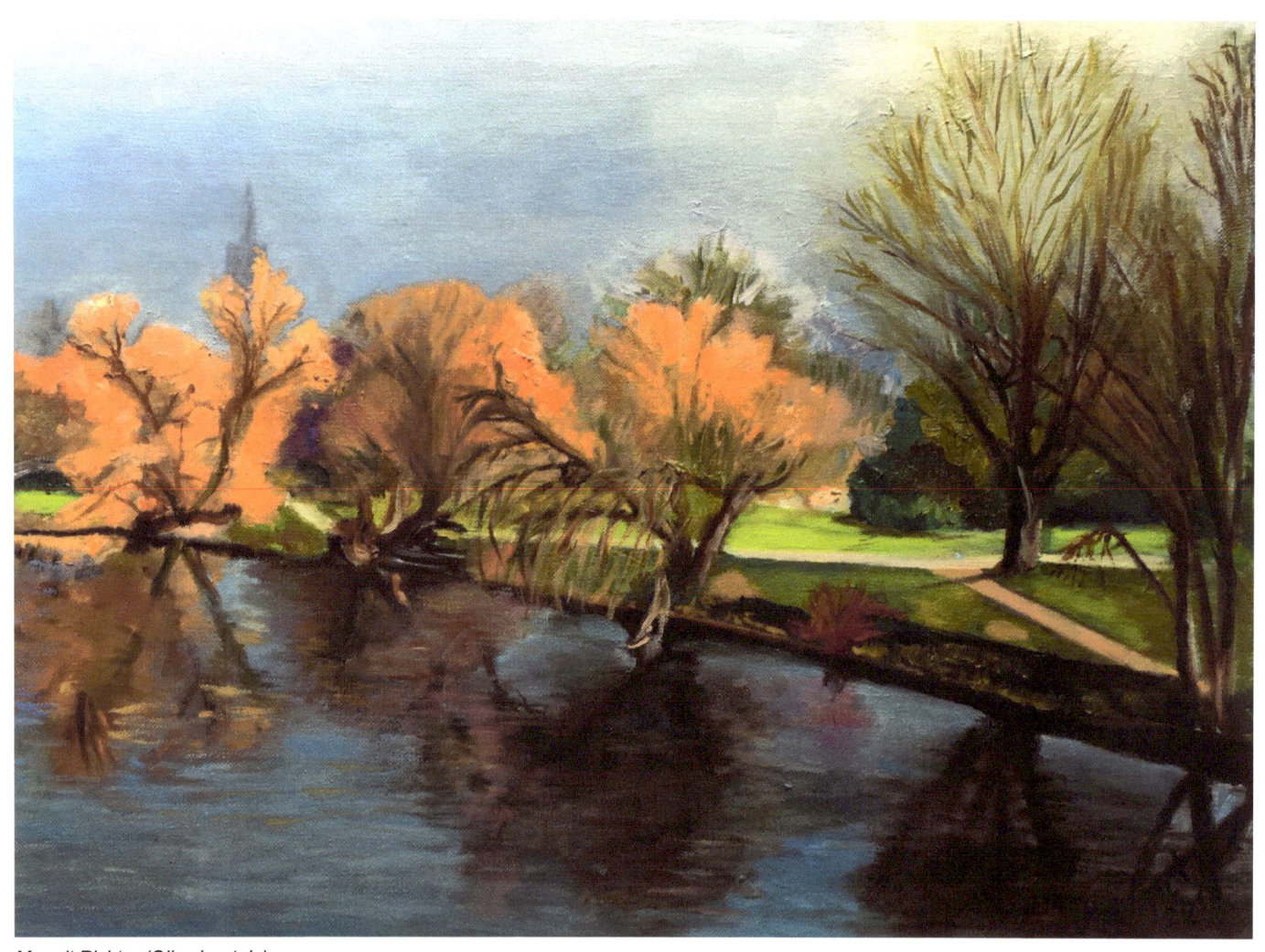

Margrit Richter (Oli sobre tela)

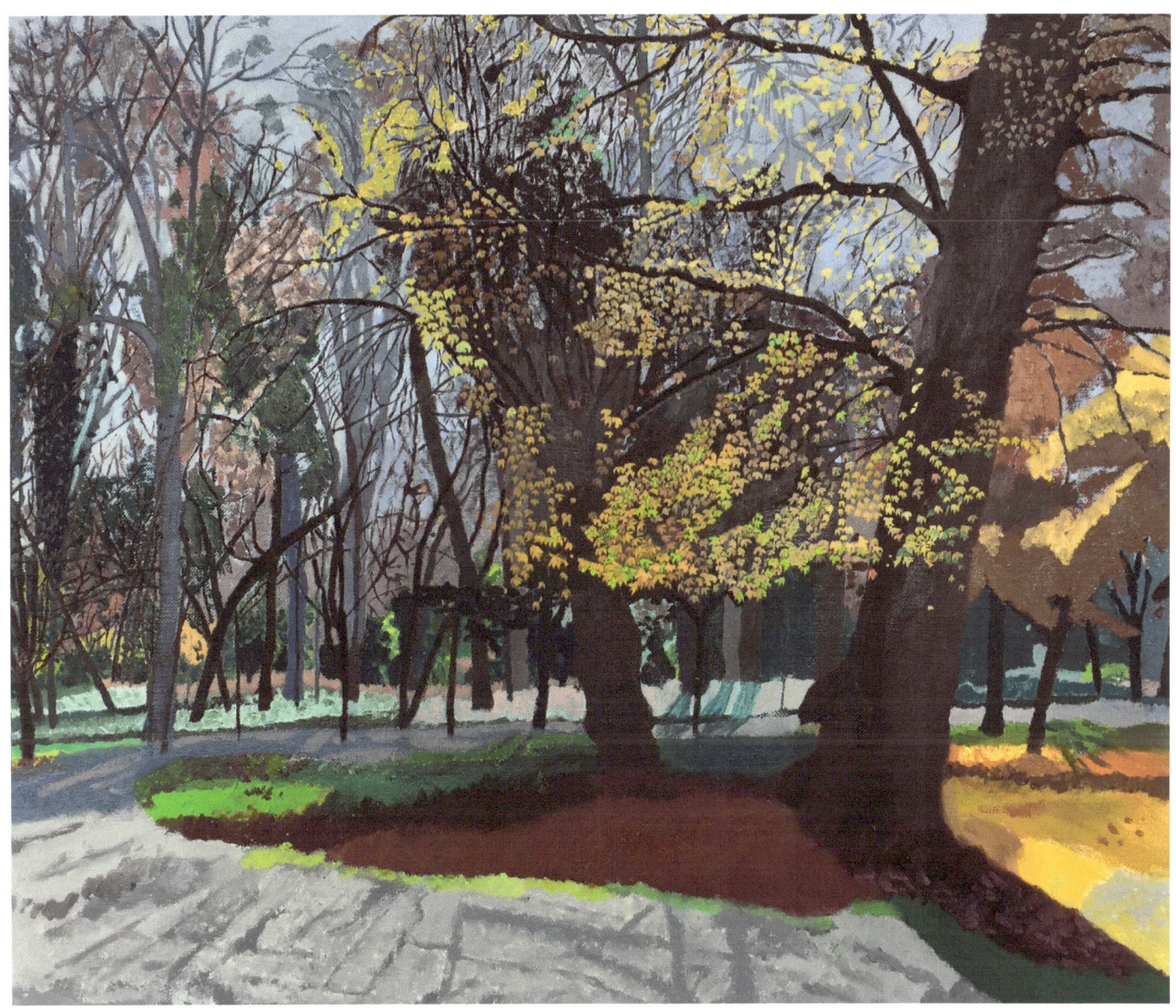

Marcos Ramos (Oli sobre tela)

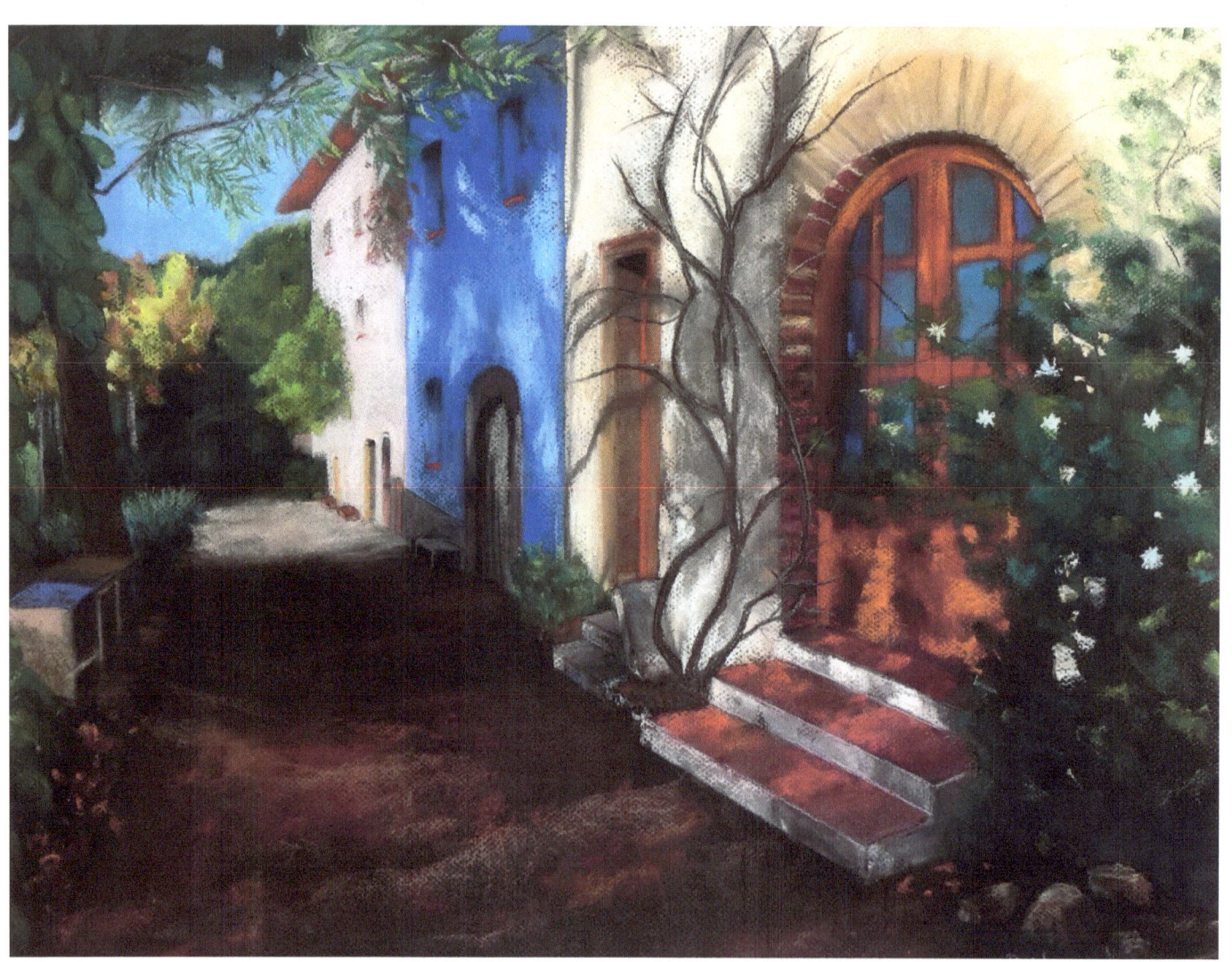

Dolores Lopera (Pastís sobre paper)

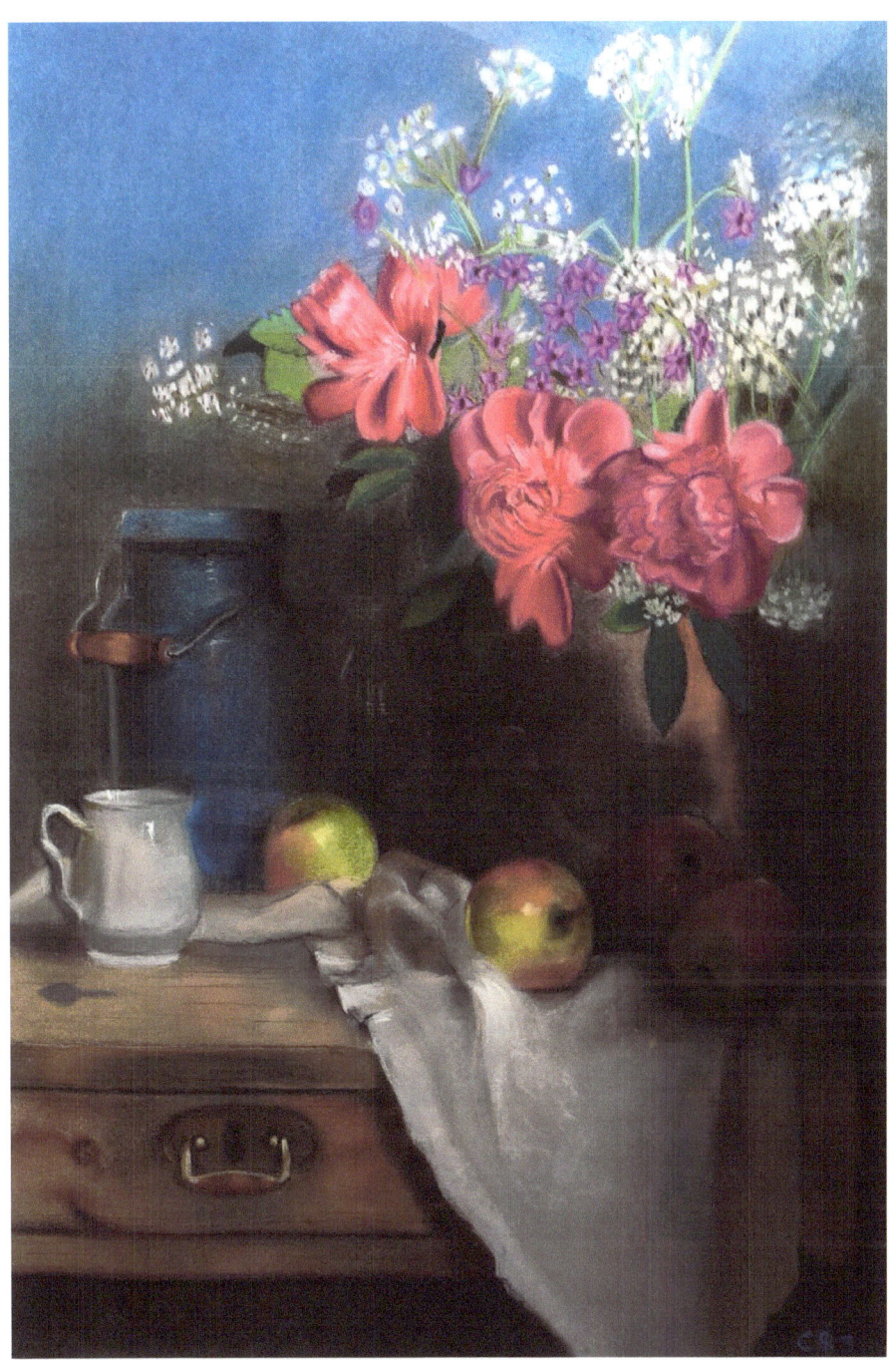

Cristina Ramírez (Pastís sobre paper)

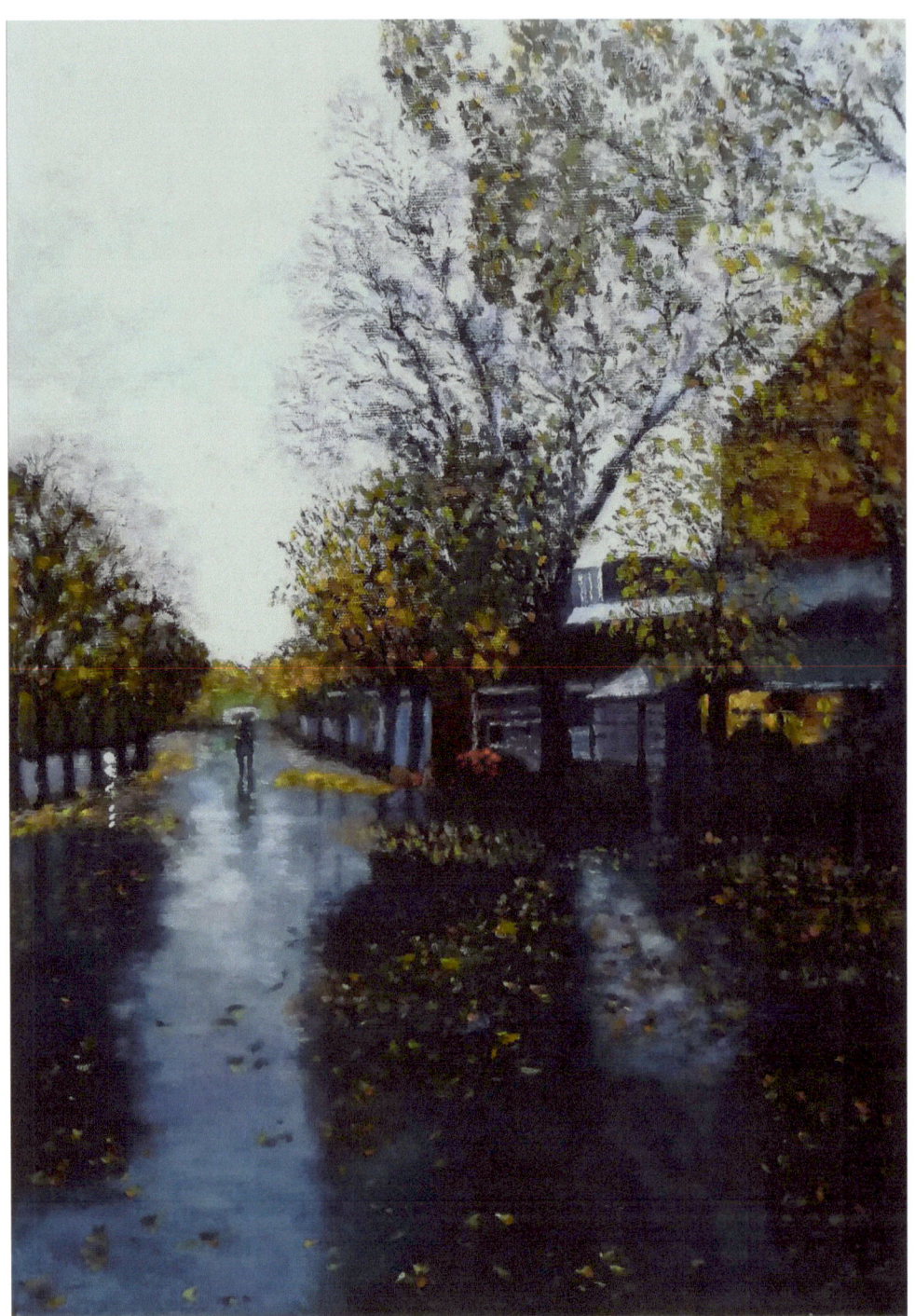

Ana García (Oli sobre tela)

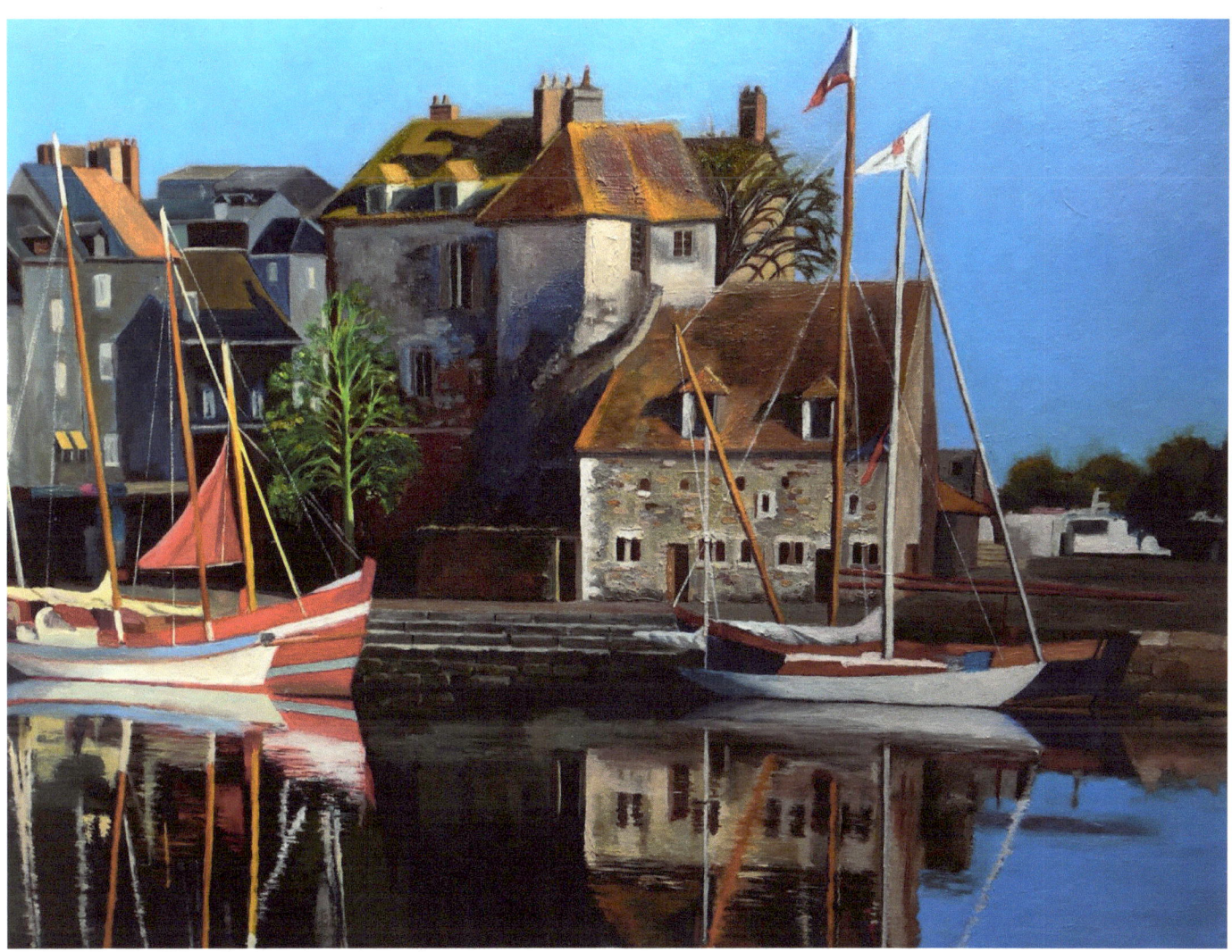

Victoria Santamaría (Oli sobre tela)

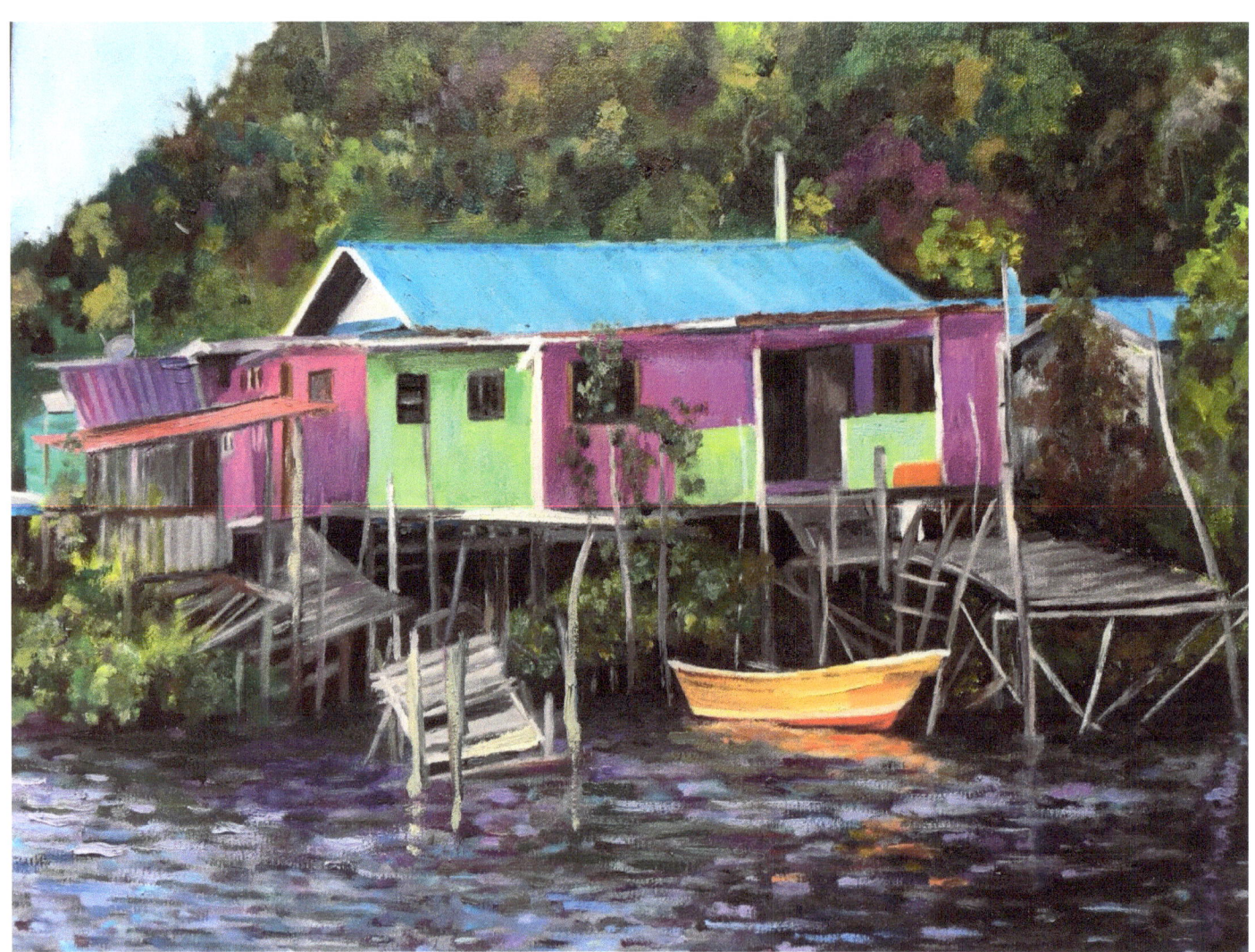
Ana Roig (Oli sobre tela)

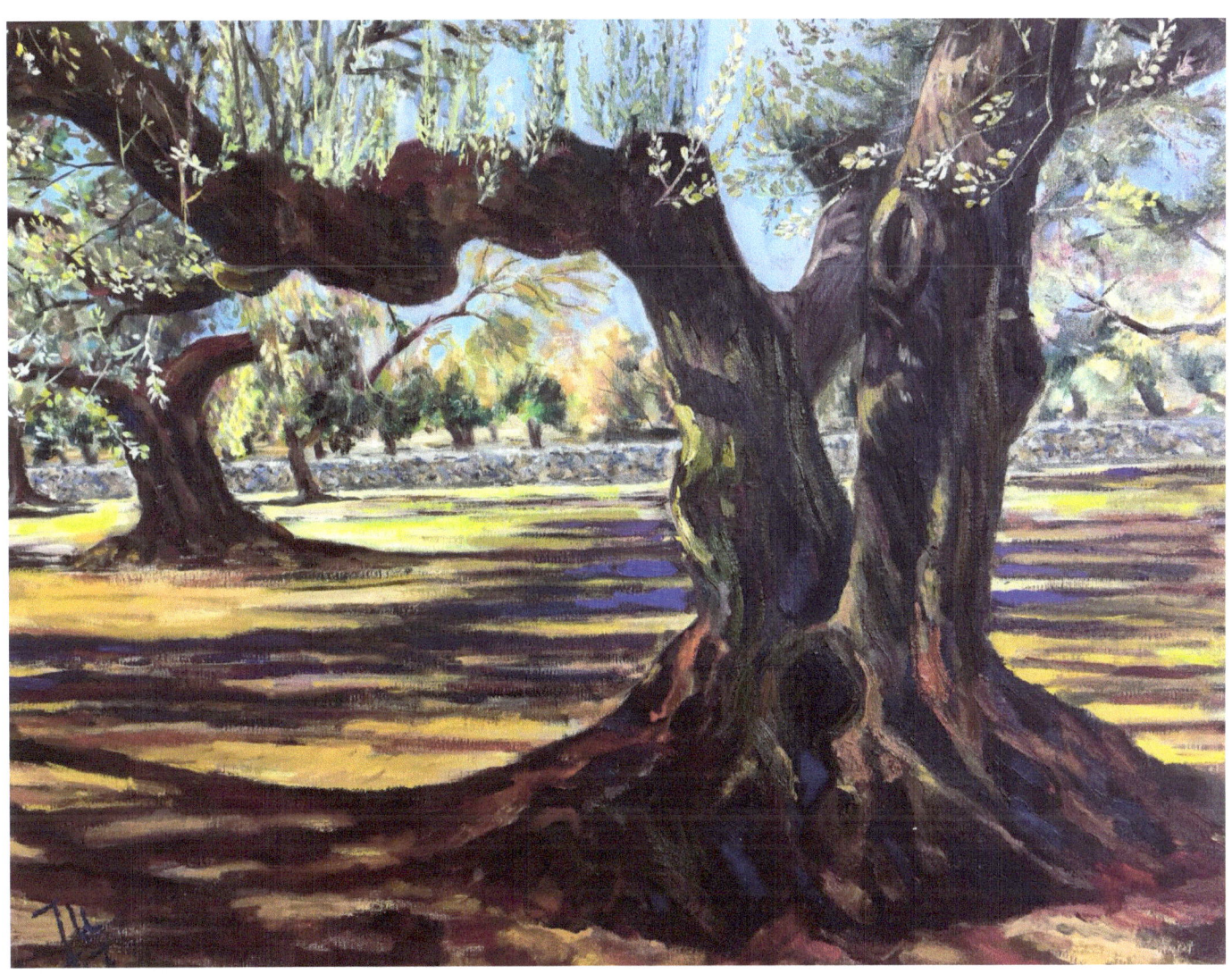

José María Niñerola (Oli sobre tela)

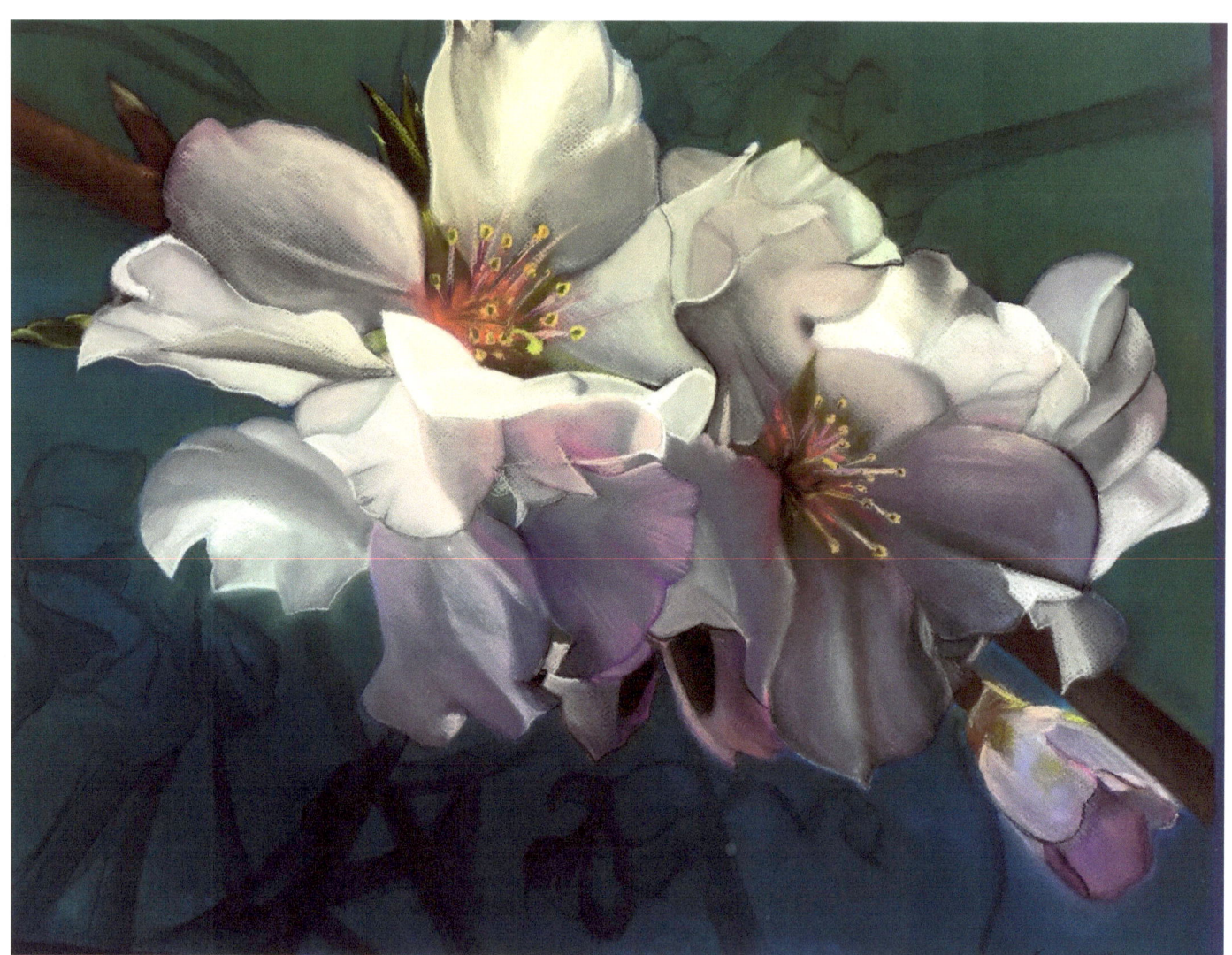
Inma Blázquez (Pastís sobre paper)

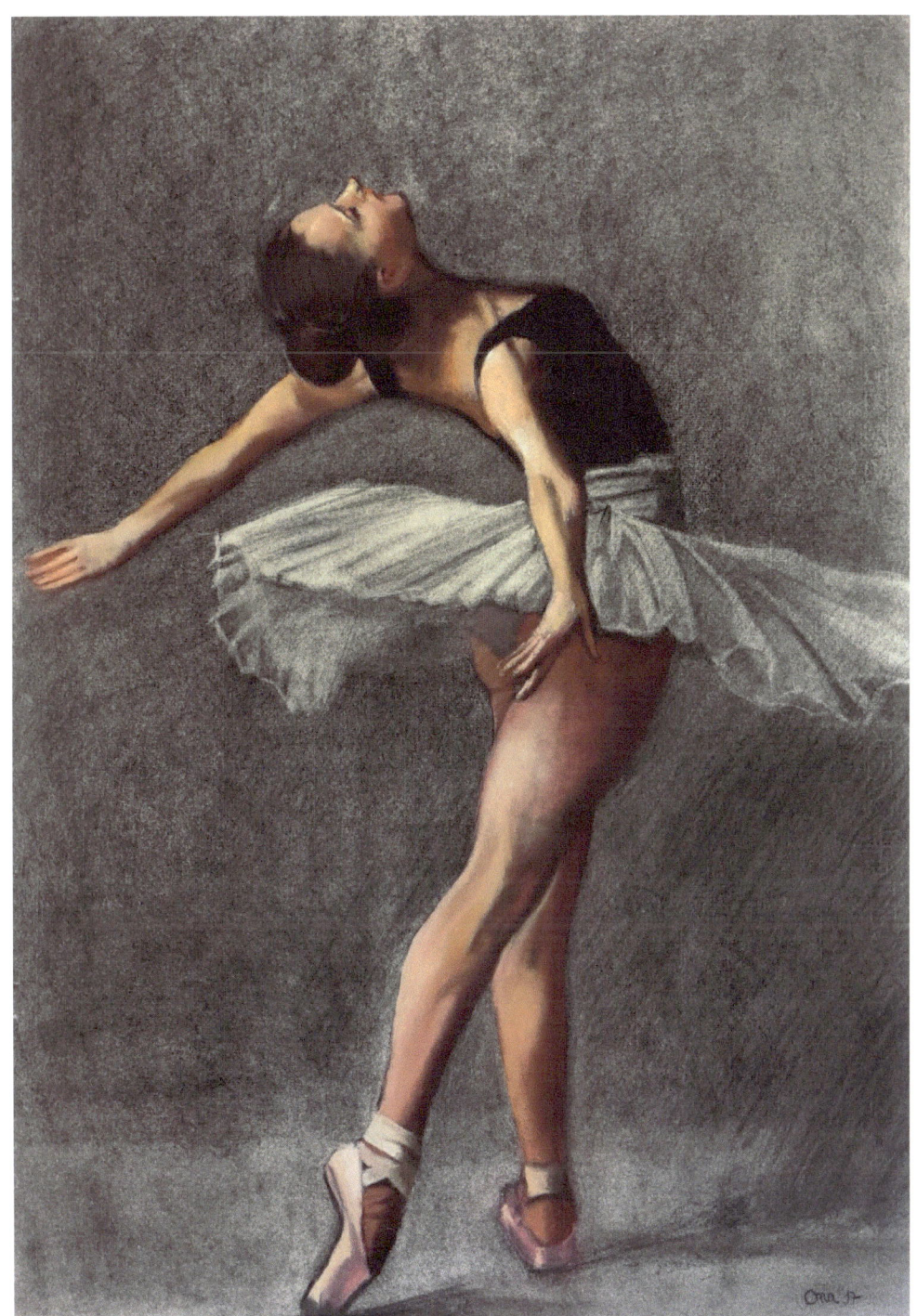

Ona Hernández (Pastís i carbó sobre paper)

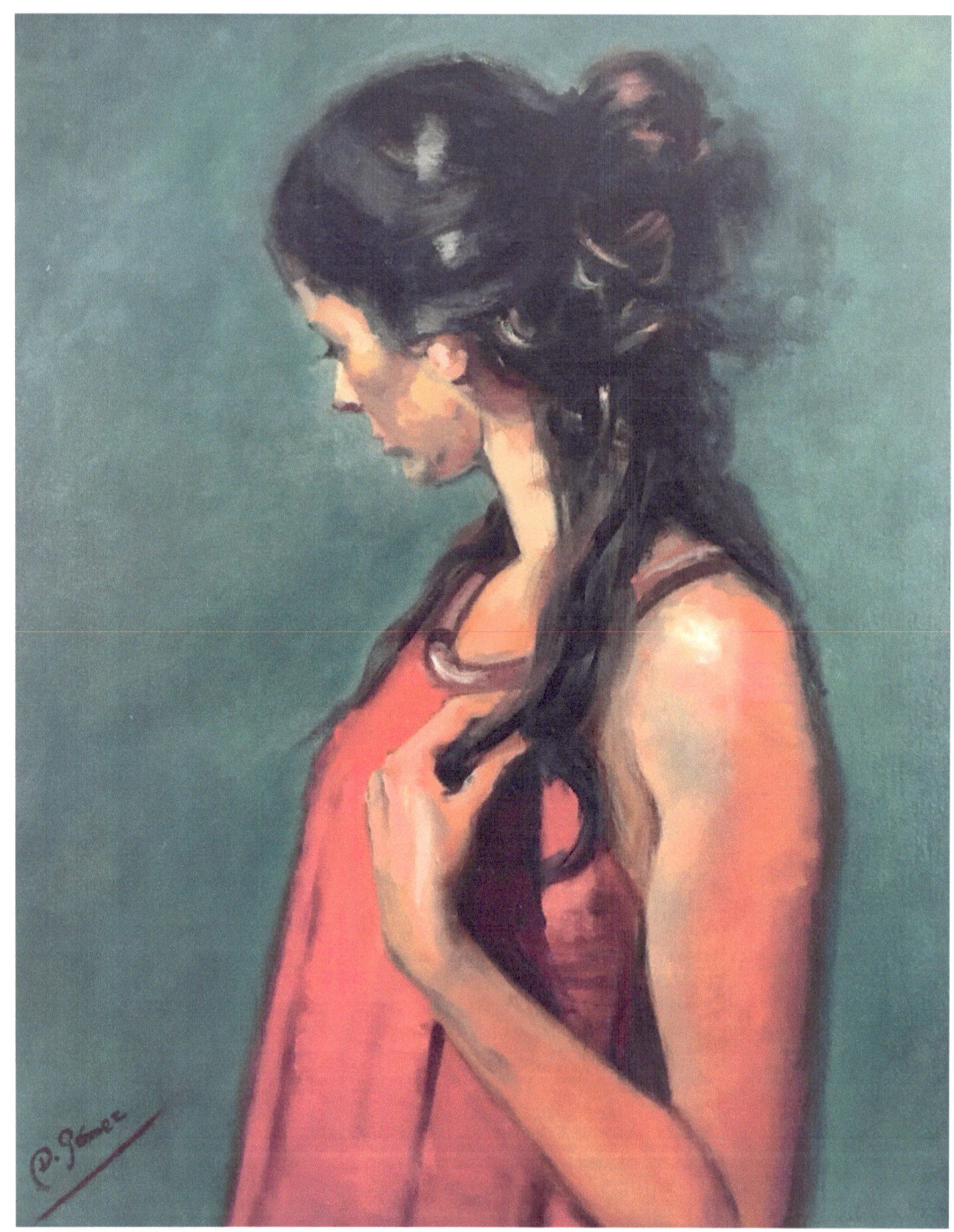
Lola Gómez (Oli sobre tela)

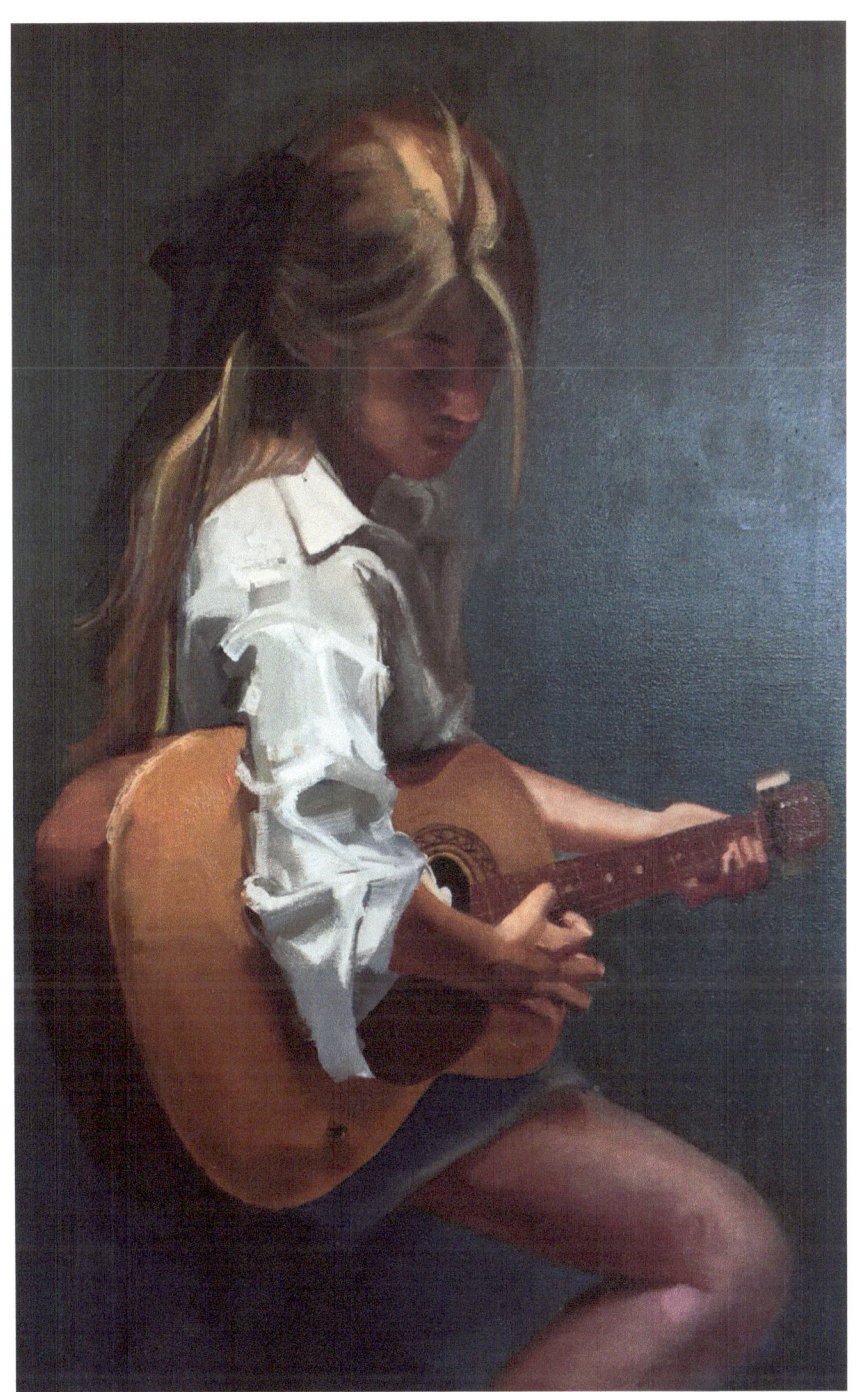

Josefa Morales (Oli sobre tela)

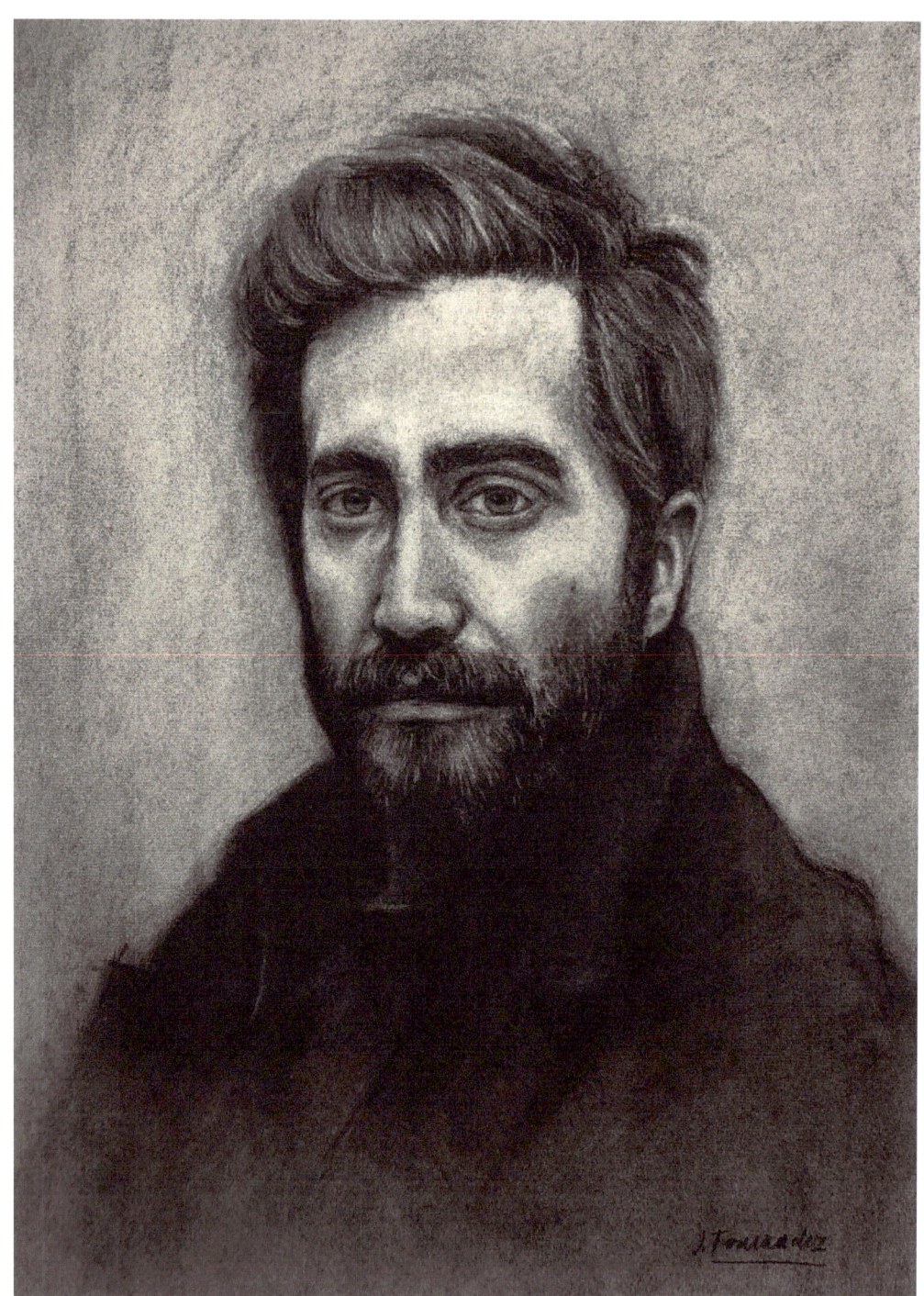

Jordi Fernández (Carbó sobre paper)

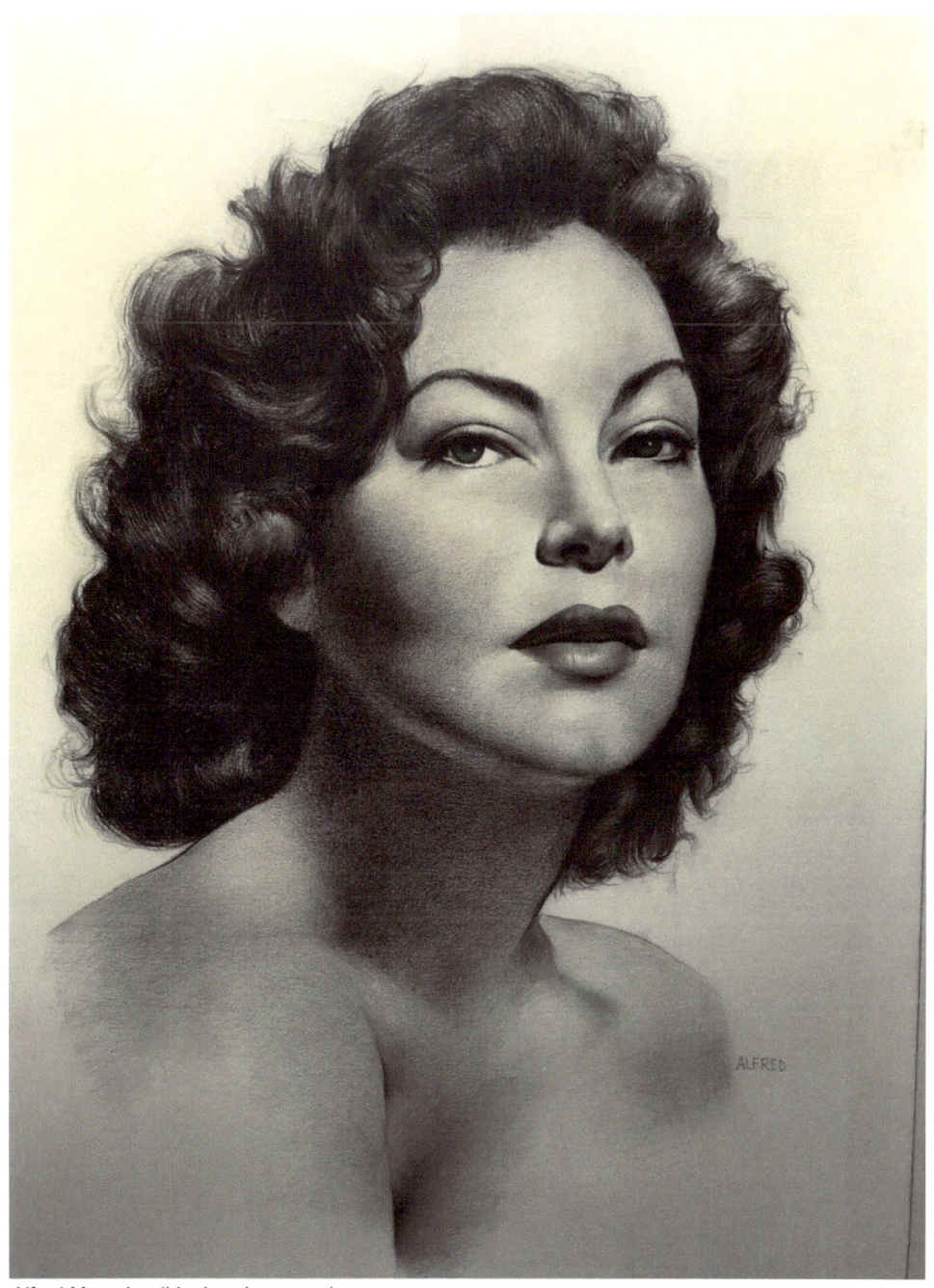

Alfred Marquina (Llapis sobre paper)

(En record de l'Alfred)

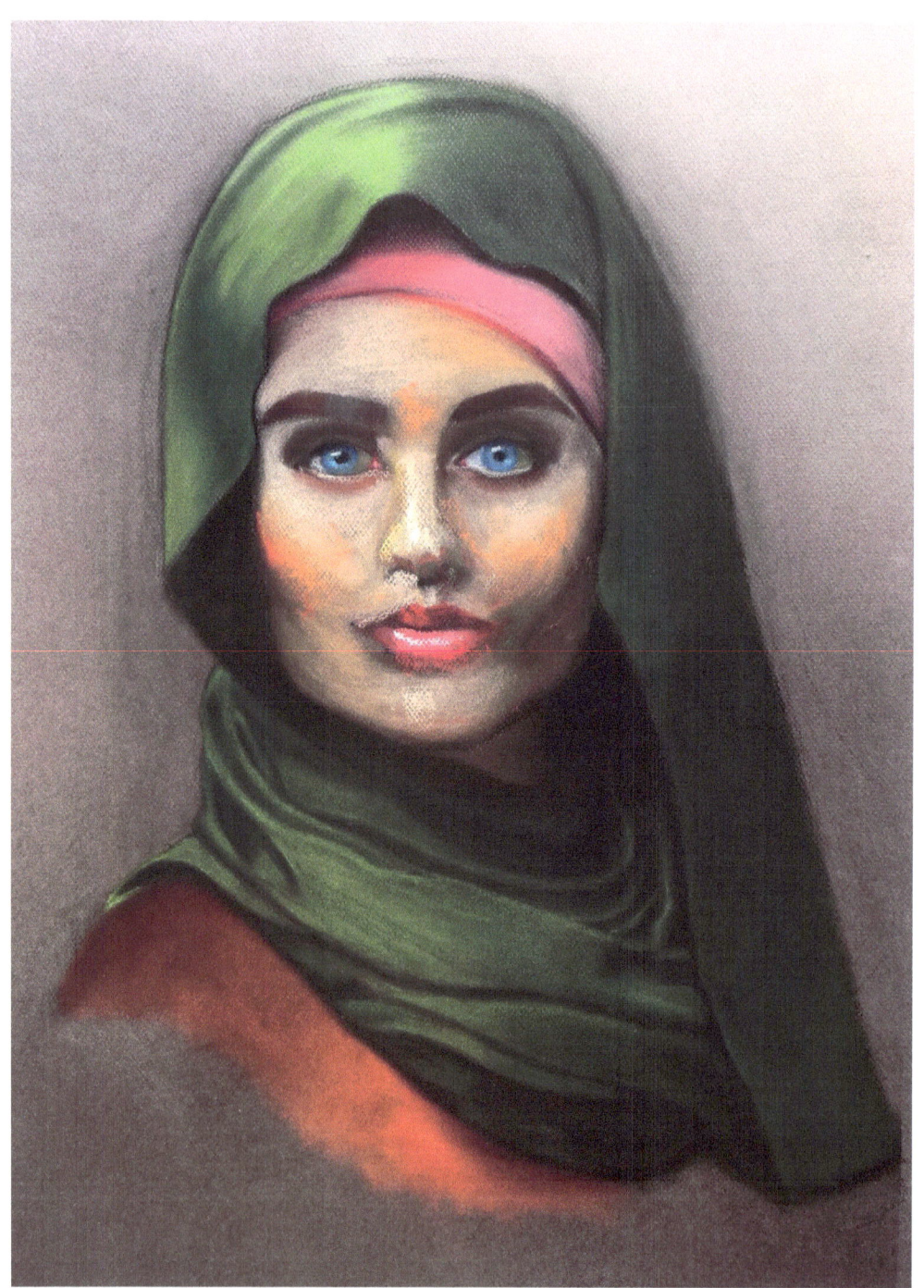

Elizabeth Pozzi (Carbó i pastís sobre paper)

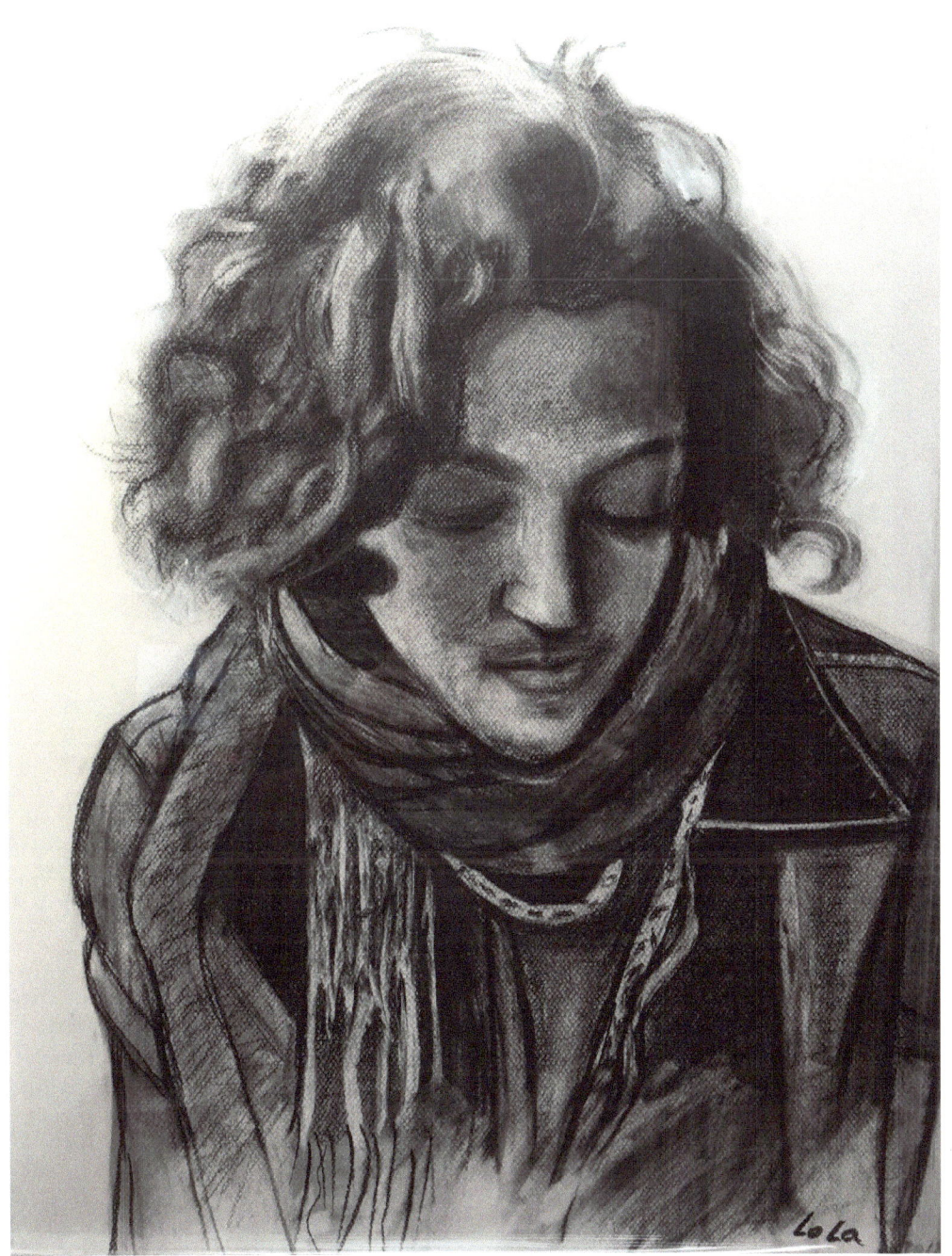

Lola Cerqueira (Carbó sobre paper)

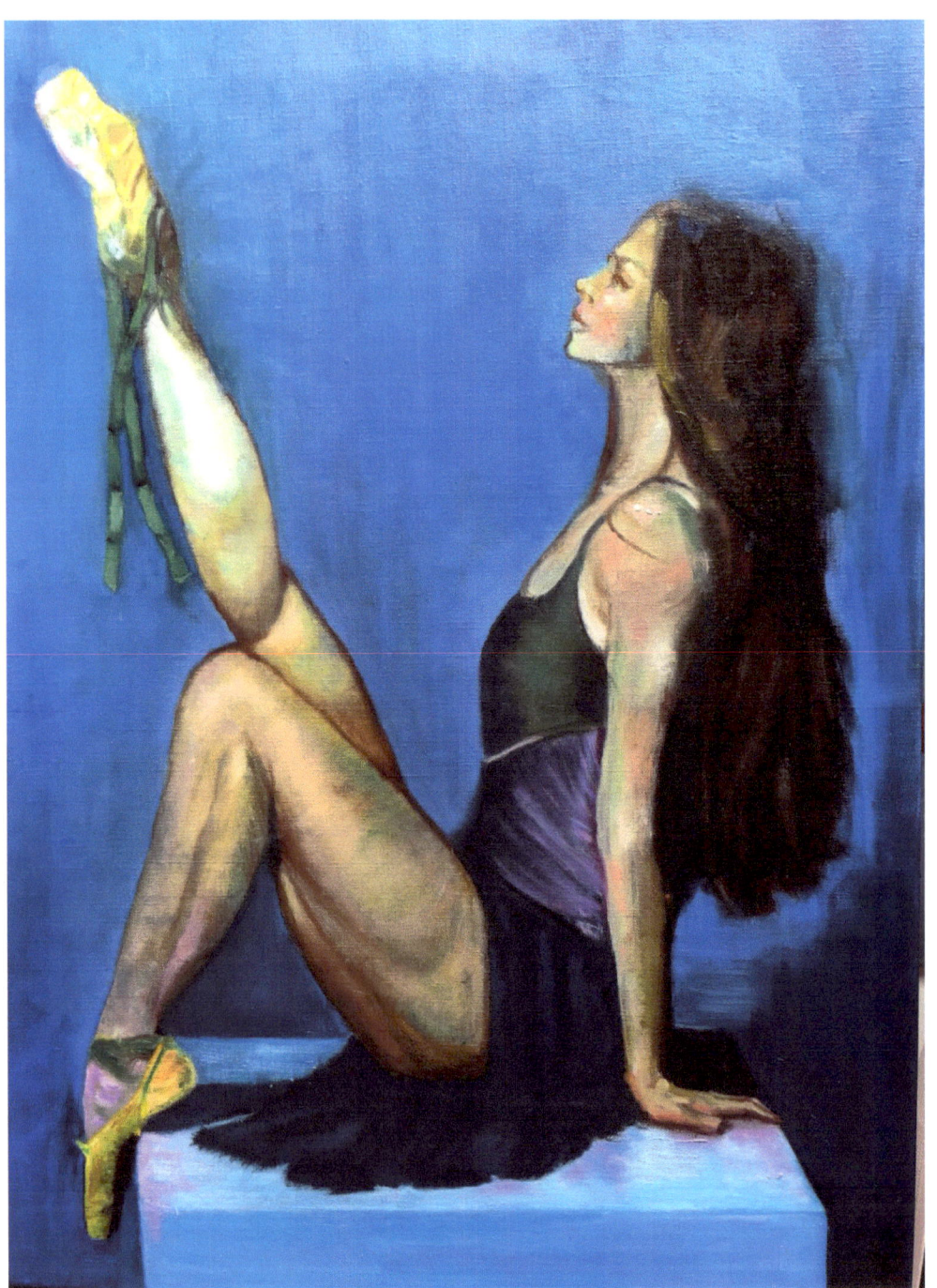

Ángela Fernández (Oli sobre tela)

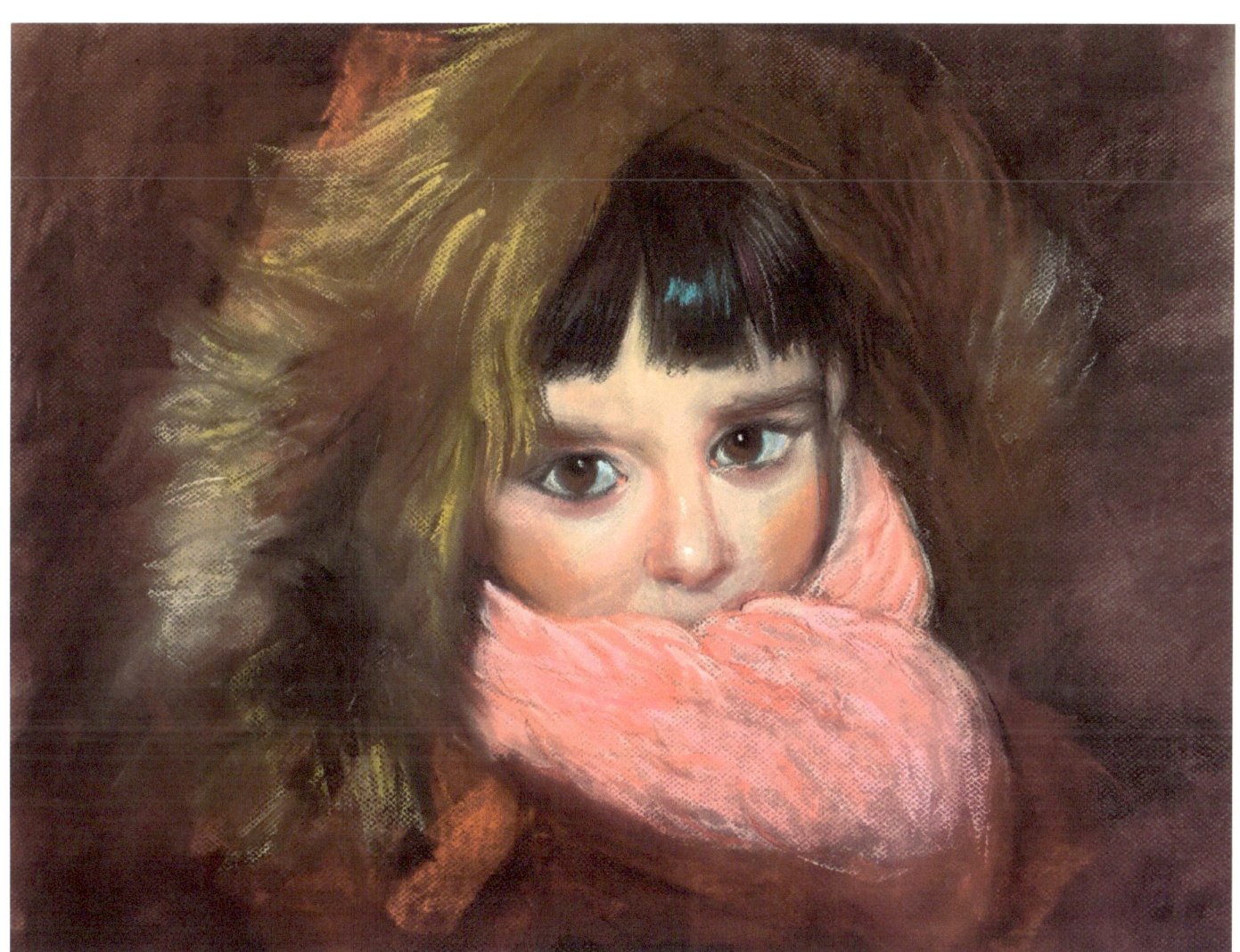

Dolors Plaza (Pastís sobre paper)

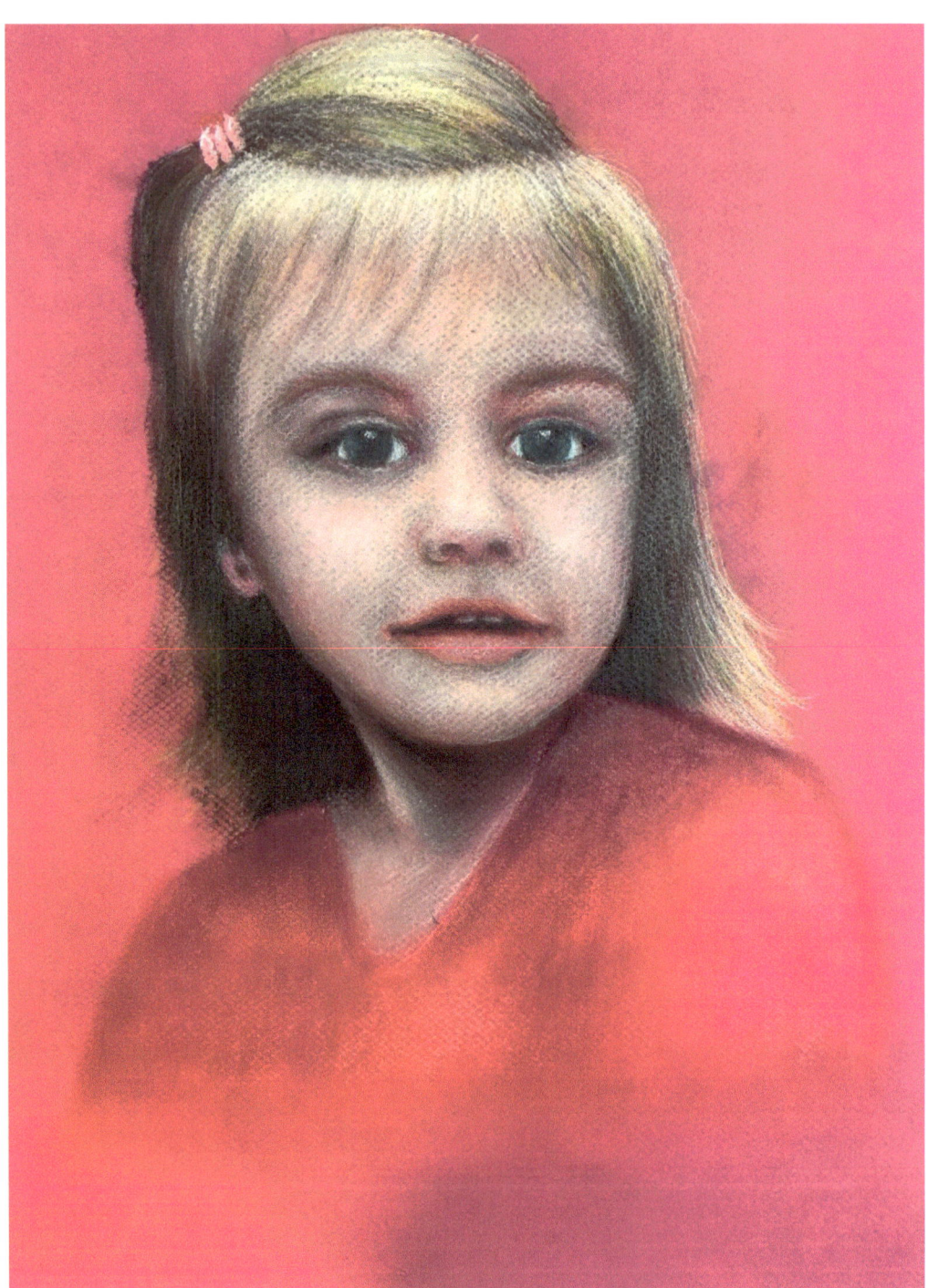

Agustín Molina (Pastís sobre paper)

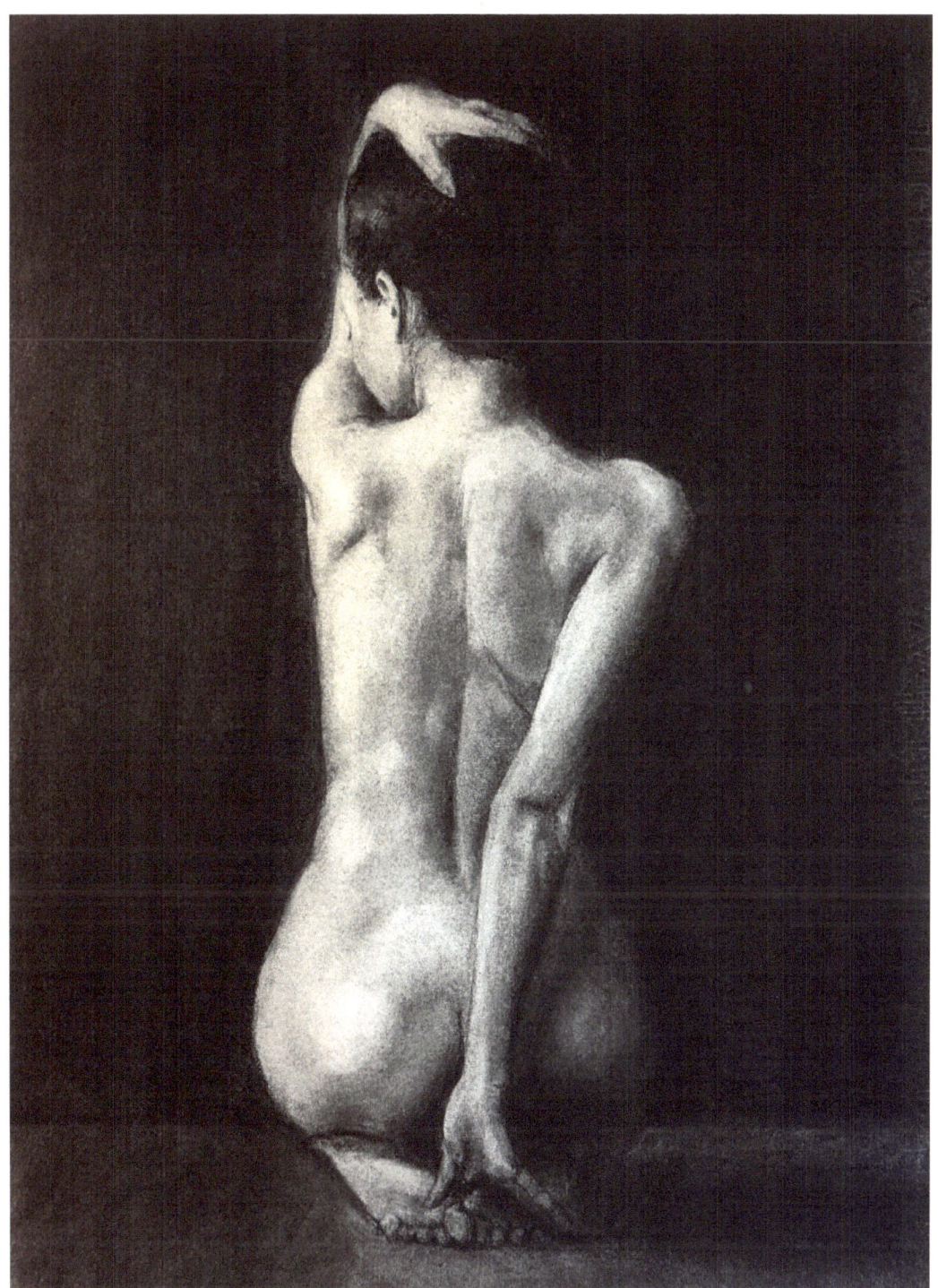

Juan Castro (Carbó sobre paper)

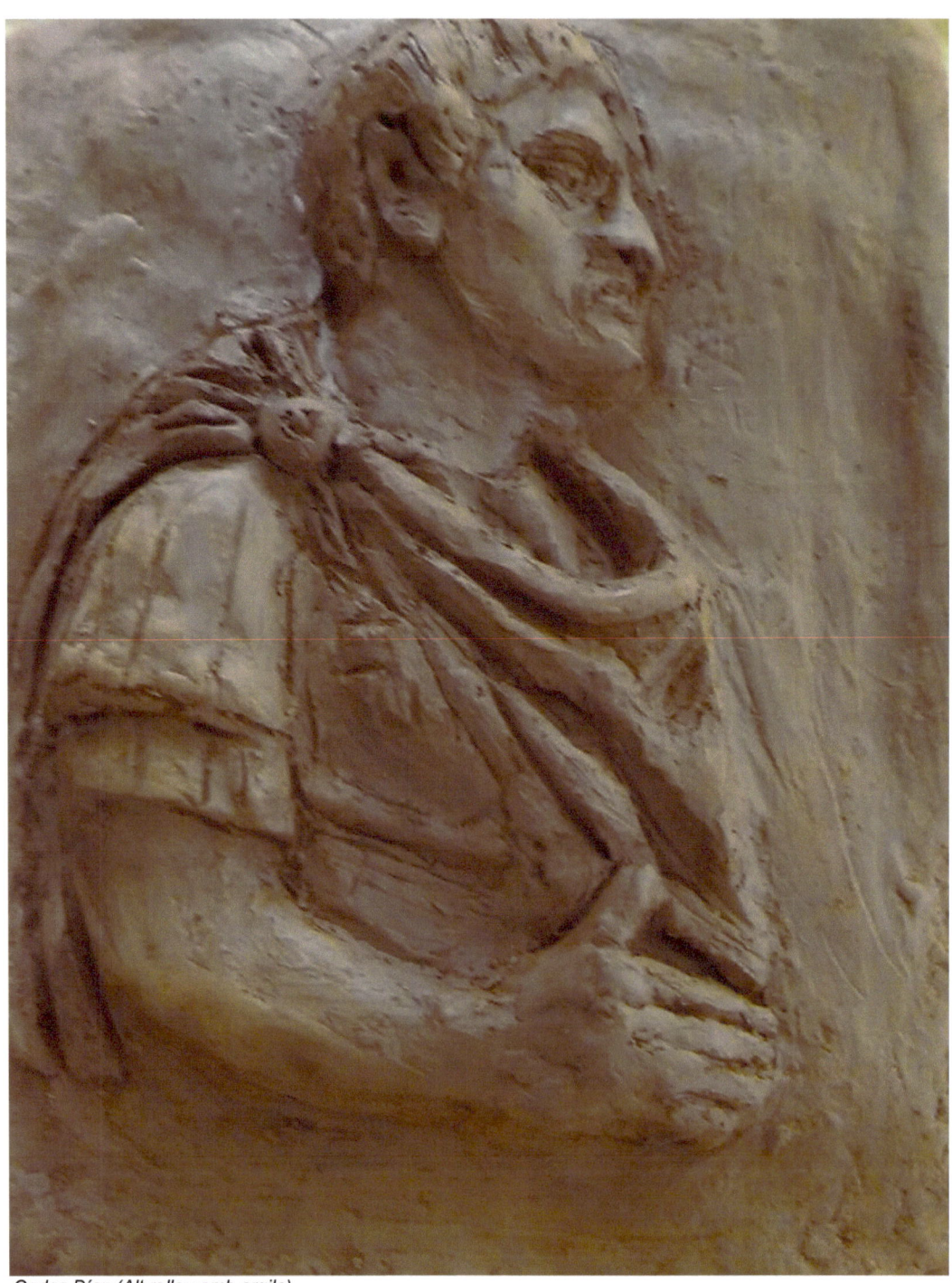
Carlos Díaz (Alt relleu amb argila)

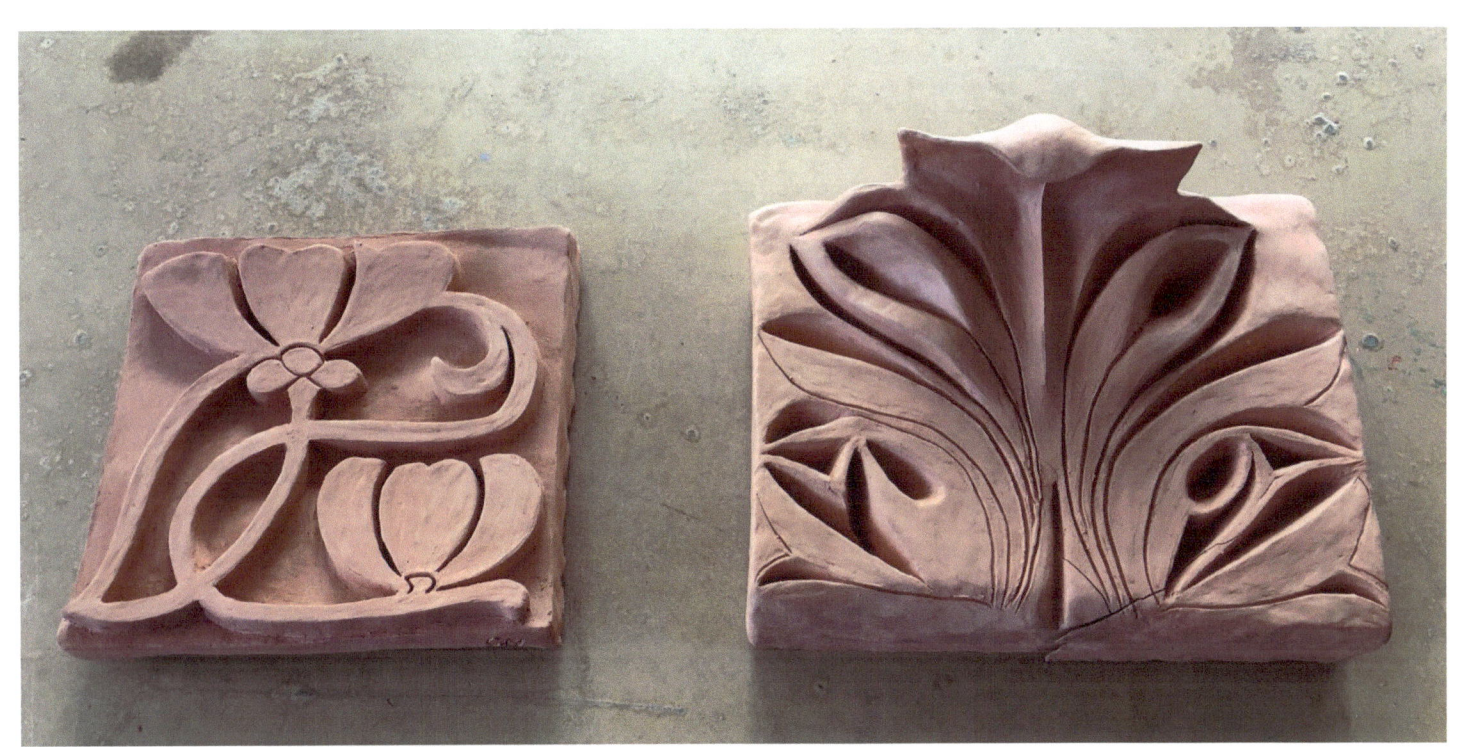
Cristina Hernández (Alts Relleus amb argila)

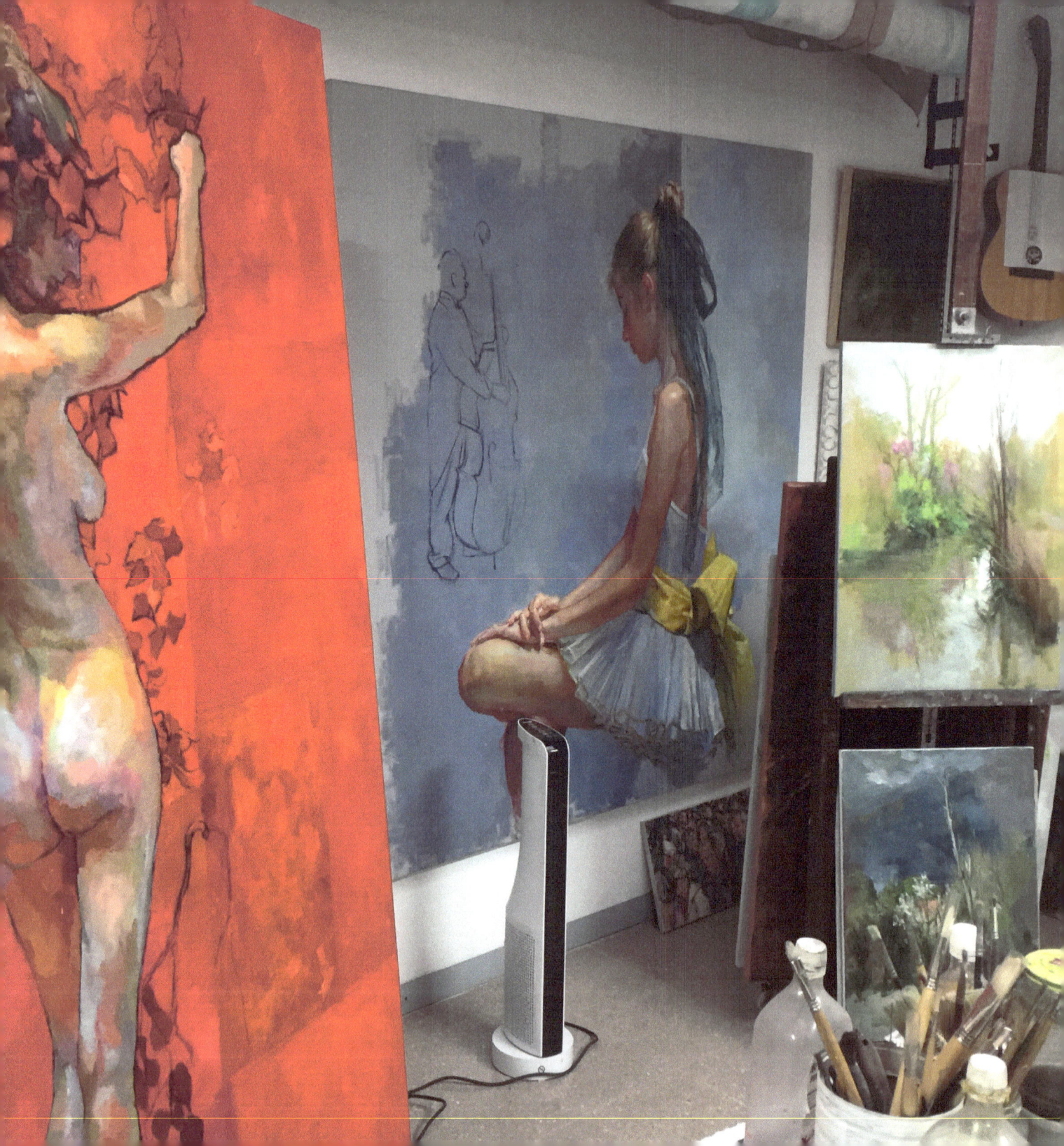